JN109637

きりえや偽本図書館

（偽本：にせぼん）

文学パロディ閲覧室

高木 亮

現代書館

偽本（にせぼん）＝中身を偽るブックカバー

偽本は、きりえ画家高木亮の作った「着せれば別の本に見えてしまう」パロディブックカバーシリーズです。ブックカバーなので、中のページに相当するものはありません。外見が全ての作品です。

「実在する本らしく見せかけるため」帯部分にコピー（ツッコミ）やうそのあらすじ、初版特典などをそれぞれに配し、「読んで楽しめる」作品になっています。

今回は『偽本図書館』と称し、第一弾『きりえや偽本大全』同様古今東西の名作文学パロディを新作多数でお届けします。

続・世界文学名作選

信玄椅子

Singen Chair

なんだか温かい……

新撰、文庫版世界文学全集続編第八回配本
忍び込んだ椅子と次第に同化してゆくお館様の恐怖。

アッシャー家のほうがいい

I prefer the Asher family

わがままいわないのっ！

屋根裏のサンポーニャ

Sampoña in the Attic

響くわっ！

ヴィヨンのくま

Villon's Bear

のびます。

サンショウだYOU！

Salamander, You are!

えっ、そうだったの!?

チップス先生火曜なら

Dr. Chips, if it's Tuesday

どうだというんだ!?

Yのひげ

Y's Whiskers

おはなだと思う。

叔父記

Ojiki

叔父の起源。

My姫

My Hime

エ～リス～！

信玄ぎらい

ツンデレ。

白い犬とはルッツを

Lutz jump flying with white dog

芸術点加算。

眠り悲鳴

Shriek of sleep

夢でなに見た!?

金閣G

眩しすぎ。

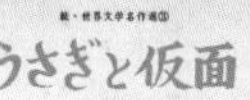

続・世界文学名作選
うさぎと仮面
Masked Rabbit
その名もマスクドラビット

続・世界文学名作選
アリと栗毛リス
Ant and Squirrel with Chestnut fur
えっへん。

続・世界文学名作選
Hi!爺
Hi! Gramps.
チャラいのやめなさい！

続・世界文学名作選
四谷ガイダンス
Yotsuya Guidance
うらにめしや。

続・世界文学名作選
ききみみ★ズギューン
Tapping Zugyuuuuun!
イケボ。

続・世界文学名作選
かぐや悲鳴
Δ%×§★⊿〜!!

続・世界文学名作選
かえるのOh! Summer
The frog king of Summer vacation
井の中サイコー!!

続・世界文学名作選
板場の白兎
White Rabbit in the Kitchen
おすすめは〈ワニ〉。

続・世界文学名作選
浮きよさらば
A Farewell to Float
いらん!!

続・世界文学名作選
ドリトル先生塔載機
全言語対応。

続・世界文学名作選
注文のおおい料理トップテン
Top Ten Dishes
今週の第一位は!?

続・世界文学名作選
ゴングぎつね
Gong Fox
お前だったのか！

続・世界文学名作選
姥ステイ山
住めば都。

続・世界文学名作選
芋がYOU!
Potato, You are!
悪口じゃん。

続・世界文学名作選
マチボウケの人々
来ないねえ……。

続・世界文学名作選
ボヴァリー武人
Bovary the Warrior
名前勝ち。

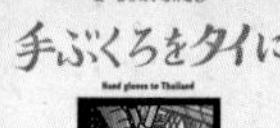

続・世界文学名作選
手ぶくろをタイに
Hand gloves to Thailand
空輸。

続・世界文学名作選
三千年だろう
3,000 years, right?
あーよく寝た。

続・世界文学名作選
幸福の奥義
the Secrets of Happiness
飛燕回生拳。

続・世界文学名作選
鬼平参加賞
またどうぞ〜！

司書手作り！

館内展示グッズコーナー①

part.2はp.162 へ

1『アーム状』(文学編※p.58)より「ジャン・バルジャンのパン」
2『曽根崎珍獣』(→p.34)より「なぞの獣けうぽら」マスコット人形
3『アリと栗毛リス』(→p.188)より「クロスステッチによるリス」
4『椿さん十浪』(映画編※p.18)『椿悲鳴』(→p.134)『三四浪』(→p.14)より
「椿さんが限界まで使ったあと捨てられずに一升瓶にためていた鉛筆」
5『信玄椅子』(→p.60)より「信玄椅子」
山梨出身の司書が気合を込め制作。

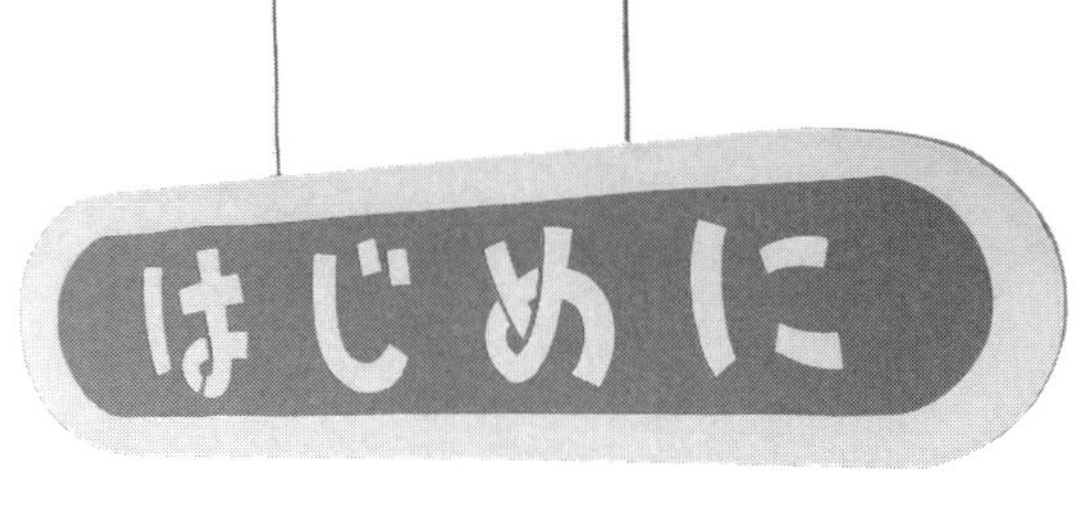

きりえや偽本（にせぼん）図書館へようこそ。

ここは「どこかで見たような、けれどもどこにも存在しない」そんな本ばかり集まった、まぼろしの図書館です。

作り続けた偽本ブックカバーが本物の本になってから二年。ここに、ほぼ書き下ろしの第三弾をお届けできる運びとなりました。毎年出し続けられたのは、シリーズを支持してくださった読者の皆さん、書店員さん、制作に協力してくださる皆さんのおかげです。厚く御礼申し上げます。

今回のテーマは「図書館」。この本一冊を架空の図書館に見立て、古今東西の文学パロディを紹介します。第一弾『きりえや偽本大全』の続編的内容となりますが、扱う作品に児童書が多いことが今回の特徴です。また、作品紹介の合間に図書館らしい企画ページも挟みましたので、合わせてお楽しみください。

元となった偽本ブックカバーは、「きりえ画家の作った文学パロディ」ながら、ダジャレタイトル＋絵に加え、架空のあらすじや初版特典などいろいろ盛り込んだものになっています。「もっともらしく見せるため」の工夫に妄想が絡まり膨らんだ文章パートもこの作品群の特徴で、単行本化にあたり今回も各作品ページの下に書き下ろしの脚注を追加、読み応えを無駄に増強しています。

前二冊がそれぞれ約10年かけて作ったものをまとめたのに対し、今回は全体の七割強がこの一年の間に生まれた新作となります。そのためこれまでで最も今の自分ができることを詰め込んだ内容になりました。

各章末には原作紹介ページを設け、ちょっとしたブックガイドとしても意外と役立つものを目指しました。この（ふざけた）本が、原作の持つ豊かな世界に触れる一助となれれば、こんな嬉しいことはありません。

今作の副題は「文学パロディ閲覧室」となっており、前二冊にあった「名作」という表記を使っていません。これは「図書館では扱う本に優劣をつけない」ためであり、今回の原作が既刊のものより劣るなどということでは決してありません。

そろそろ開館の時間です。どうぞ隅々までごゆっくりお楽しみください。

きりえや　高木　亮

000

きりえや偽本図書館

～文学パロディ閲覧室～

目次

扉模型製作：きりえや

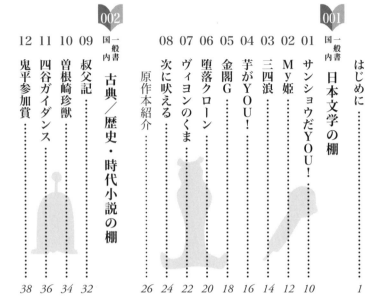

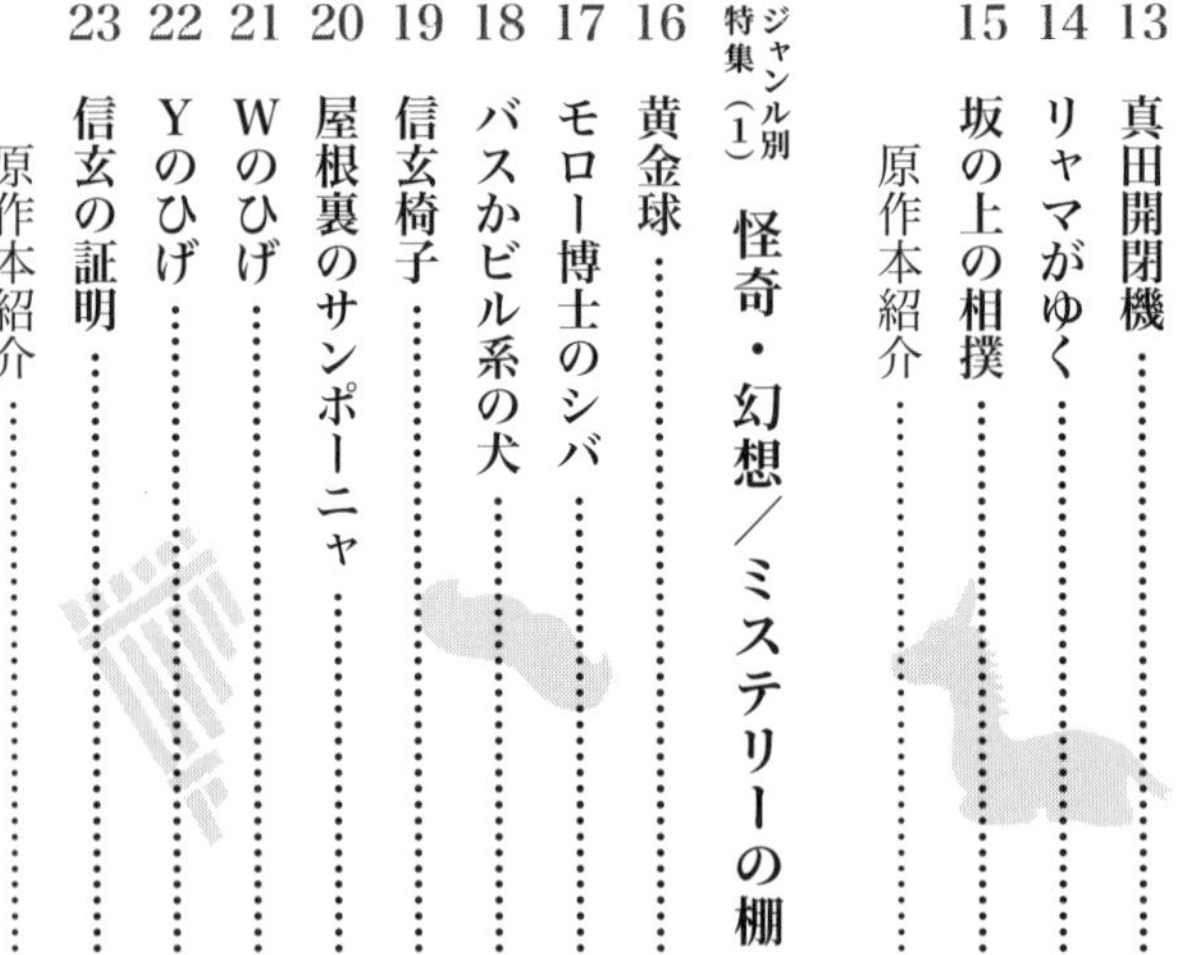

004

一般書 海外　**アメリカ文学の棚**

一般書 海外　**ほか海外文学の棚**

006

ジャンル別特集（2）　**武人／悲鳴文学の棚**

007

児童書 国内　**神話／むかしばなしの棚**

コラムページ

オリジナル

【偽本ブックカバーの構成】

もとはこういう形で制作していました。

続・世界文学名作選⑳
①
次に吠える
Howling next time
②
③
今行こうよ…。
新撰、文庫版世界文学全集続編第8回配本
詩に託してあふれ出す、ぐいぐい行けぬこの想い。

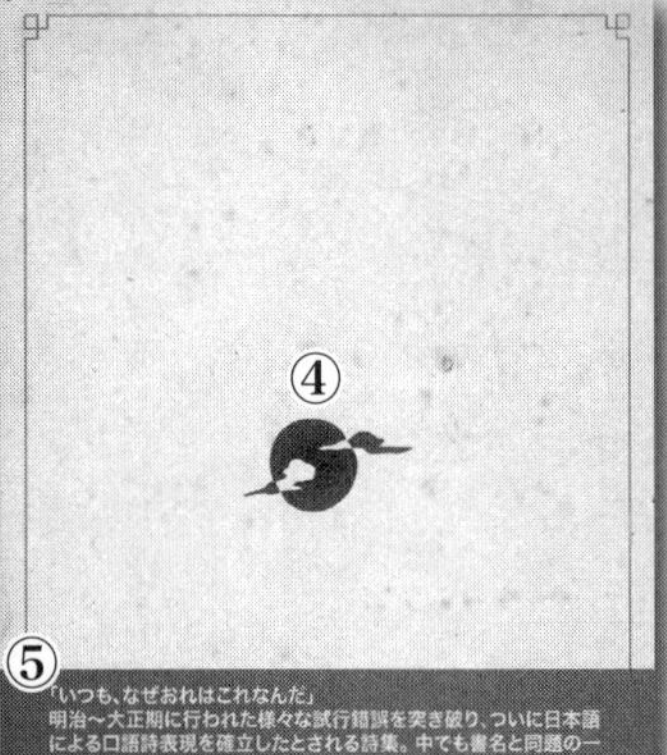

①「タイトルきりえ＆英題※1」	④「裏表紙アイコン（きりえ）」
②「表紙画（きりえ）」	⑤「あらすじ」
③「帯キャッチコピー（ツッコミ）」	⑥「初版特典読者プレゼント※2」

※1 英語以外のときもあり　※2 特典グッズはすべて当館書庫に保存してあります。

注：この本に書かれている内容は、すべてウソです。※

（※原作紹介ページならびに「本当」、「実話」などと書かれた一部脚注を除く）

【本文脚注の、真贋割合による枠形状の違い】

嘘100％

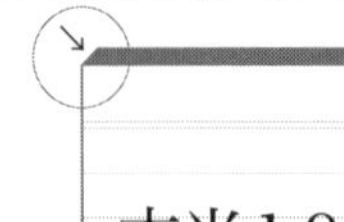

本当10％以上

001

一般書（国内）

日本文学の棚

# Hi! Good-bye エラ呼吸	# ゴールドめつぶし
# 豊かな推し活	# だって他にもいるんでしょ
# レジェンド浪人枠	# のびざかり
# フリースタイル連歌バトル	# モジモジ派とは

01

サンショウだYOU！

Salamander, You are!

衝撃の事実。

続・世界文学名作選①
サンショウだYOU!
Salamander, You are!
えっ、そうだったの!?
新撰、文庫版世界文学全集続編第一回配本
アイドルを目指す弟と夢を支える姉。美しき
姉弟愛の物語。

『Ｈｉ！～Good-bye エラ呼吸』(デビューシングル)

一目ボレなのさ　陸（おか）を歩く君／もっと近くで話したい　胸が苦しいよ／ときめく気持ち止まらない　自分が自分じゃないみたい／今すぐ君に伝えなきゃ　そう変わるなら今／ Hi！グッバイエラ呼吸　Hi！そうだよ肺呼吸／ Hi！僕は君に夢中　どうか微笑んで／はじめて吸った君色の風　胸に満ちてゆく／そうさいつだって　愛は奇跡を起こすもの／でも一番の奇跡は　君と出会えたこと／ Hi！グッバイエラ呼吸　Hi！今日から肺呼吸／ Hi！僕は君が好き　どうか振り向いて／はじめて知った君色の風　僕はもう戻れない

書影　裏

【あらすじ】

「ねえさん、どうして今まで教えてくれなかったんだ。僕がサンショウウオだってことを」「……！」「所長に言われたよ『Ｙｏｕの姉さんが美人だから研究生にはしたけれど、両生類にデビューは無理だ』って…」「意気地なし！ あなたのアイドルになる夢はそのぐらいで諦められるようなものなの？ いいこと、あなたの夢はこの姉さんが絶対に叶えてあげる。だから自信を持つのよ厨子王丸」

かくして安寿は愛する弟を両生類界のカリスマプロデューサーに売り込むべくひとり沼の底を目指すのであった――。

書庫

初版特典

デビューシングルCD
『Hi!~Good-byeエラ呼吸』
10000名様にプレゼント

続編『青いサンショウ』

両生類界で成功した厨子王丸の映画初進出作は、人間界のトップアイドルと共演する無人島もの。だがクランクイン直前に主演俳優が海水に入ると死んでしまうことが発覚し、撮影は急遽組まれた真水の沿岸セットで開始される。役に入り込みすぎたためか、共演者を次第に本気で好きになる厨子王丸。戸惑いながらもセット裏でその思いを告白するが……。「ごめんなさい厨子王丸さん。あなたが嫌いでも両生類だからでもないの。でも私、彼氏がシスコンなのはいや」

底なし沼に、頭から。

02 My姫

まいひめ

My Hime

続・世界文学名作選②

My姫

My Hime

エ〜リス〜！

新撰、文庫版世界文学全集続編第2回配本
インディーズアイドルの沼にハマったエリート官僚が
虚構と現実の間の闇に堕ちるまで。

ヘイトバイパスな友人

アイドルファン歴の長い太田の同僚相沢謙吉は、推し活のなんたるかを太田に教授。しかし太田の度をすぎたエリスへの惑溺ぶりに危機を感じた彼は、目を覚まさせようとゴシップサイトの情報をリークし、それが結果として太田錯乱の引き金を引くことになってしまう。推しに嵌りすぎた太田と彼を裏切るエリス。クズで愚かな二人の擬似恋愛の崩壊は、「誰も悪くない。不幸な偶然が重なった結果」とすることで、はじめて純粋な悲恋ものとして結実し、読者の共感を獲得する。余計にしか見えぬ相沢の振る舞いも実はそのためのものであり、彼こそがこの作品一番の功労者なのである。

【あらすじ】

エリート官僚太田はある雨の日、渋滞に巻き込まれ下車した秋葉原の路上で、ずぶ濡れになりながら公演チラシを配る少女の姿に心奪われる。少女の名はエリス。ドイツからの留学生で日本文化を学ぶためアイドル活動を続けているという。暗く澱んだ地下劇場のスポットライトに咲いた花。そこに自分の属する欲にまみれた世界にはない純粋な光を見た太田は、足繁く劇場に通うようになる。

グッズ、握手券、惜しみなく財を投じた甲斐あって念願のメジャーデビューが決定。しかしシングル発売日に報じられたエリス引退のニュースに、太田はひとり官邸で錯乱する。

エリート官僚太田はある雨の日、渋滞に巻き込まれ下車した秋葉原の路上で、ずぶ濡れになりながら公演チラシを配る少女の姿に心奪われる。少女の名はエリス。ドイツからの留学生で日本文化を学ぶためアイドル活動を続けているという。暗く澱んだ地下劇場のスポットライトに咲いた花。そこに自分の属する欲にまみれた世界にはない純粋な光を見た太田は、足繁く劇場に通うようになる。グッズ、握手券、惜しみなく財を投じた甲斐あって念願のメジャーデビューが決定。しかしシングル発売日に報じられたエリス引退のニュースに、太田はひとり官邸で錯乱する。
初版特典：「サイリウム(ピンク・顔写真付き)」
抽選で500名様にプレゼント※詳しくは巻末ページをご覧下さい。

書影　裏

書庫
初版特典
「サイリウム
(ピンク・顔写真付き)」
抽選で500名様にプレゼント

エリートが見せつける豊かな推し活

司書のおすすめポイント①

官僚がインディーズアイドルにハマり、その引退に乱心する。そんな本書は推しのいる人にとっては共感必至、推しのいない人にとっては理解不能という、評価が大きく分かれる作品です。私はエリート官僚の太田が惜しみなくグッズや握手券、劇場に稼ぎを溶かしていくさまに嫉妬し、「こんな推し方してみたかった！」と激しく身をよじりました。推しのいない人にとっては無駄遣い以外の何物でもないけれど、推しを持つ人にとっては羨ましさ爆発の一冊です。(つ)

03 三四浪

さんじゅうしろう
Sanju-shiro

夢の終わりを決めるのは。

続・世界文学名作選⑨

Sanju-shiro

今年こそ・・

新撰、文庫版世界文学全集続編第3回配本
好漢椿さん、ついに最後の戦いへ＿＿＿！

"レジェンド浪人枠"

財界から青年人口減少による人手不足への対応を求められた政府は、所属が定まらない、いわゆる浮遊層の労働資源化に着手。一時話題となった大学入試における「レジェンド浪人枠」も、つまるところは長期浪人生にとりあえず大学を通過させ早く社会に出すための方便であった。しかし実力を無視した合格乱発の歪みは、数年後に過去最高の留年者数として表れることとなり、政府は今度は「レジェンド留年枠」の創設を検討中だという。

【あらすじ】

腕も気風もいいけれど、物覚えだけが大の苦手の椿さん。五十を超え彼は今、受験生用の寮の管理人として収入を得ながら、いまだ果たせぬ夢に挑戦し続けていた。寮生全員が奨める十年前から開設された「レジェンド浪人枠」での受験も頑なに拒み続け、あくまで正面から挑もうとする姿勢は若い頃と変わらない。

そんな中、老朽化のため寮の解体が決定。さらに実家の父が倒れたとの報が椿さんを襲う。正真正銘最後のチャンス。椿さんの人生の、花が咲くのはいつなのか――?

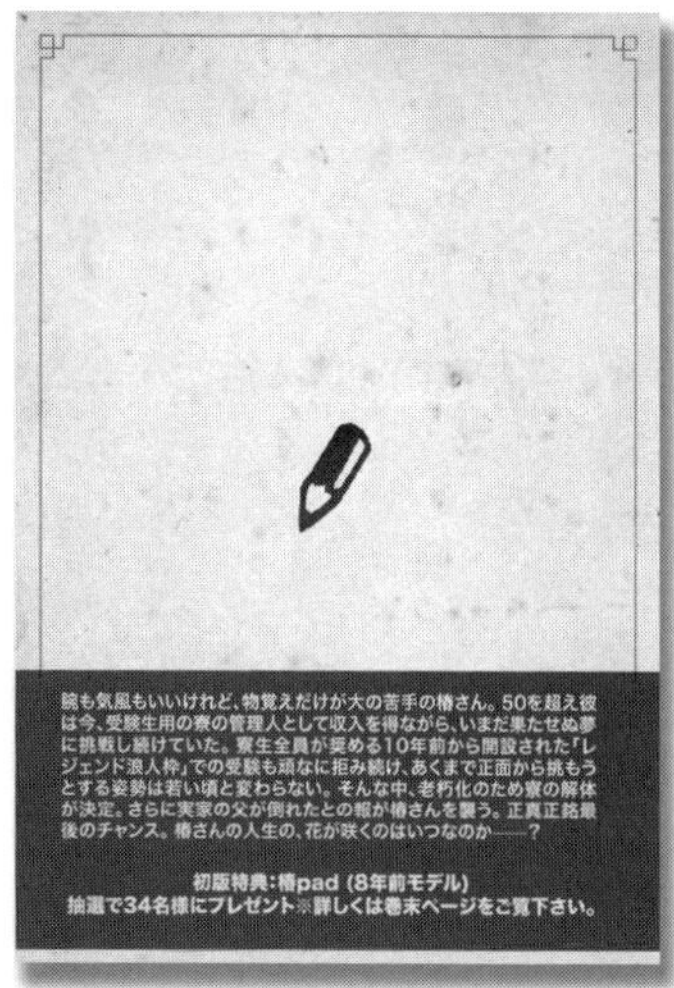
腕も気風もいいけれど、物覚えだけが大の苦手の椿さん。50を超え彼は今、受験生用の寮の管理人として収入を得ながら、いまだ果たせぬ夢に挑戦し続けていた。寮生全員が奨める10年前から開設された「レジェンド浪人枠」での受験も頑なに拒み続け、あくまで正面から挑もうとする姿勢は若い頃と変わらない。そんな中、老朽化のため寮の解体が決定。さらに実家の父が倒れたとの報が椿さんを襲う。正真正銘最後のチャンス。椿さんの人生の、花が咲くのはいつなのか――?
初版特典:椿pad (8年前モデル)
抽選で34名様にプレゼント※詳しくは巻末ページをご覧下さい。
書影　裏

書庫
初版特典
「椿pad
(8年前モデル)」
抽選で34名様に
プレゼント

椿さん十浪
今年こそっ！

関連作品

がんばれ椿さん！

『椿さん十浪』

腕も気っ風もあるくせに物覚えだけが苦手な好漢、椿さん。明日が十度目の入学試験という丁度その夜、寮内の若者たちの争いに巻き込まれ、流れで一肌脱ぐことに……。
クライマックスの鮮烈な鼻血描写も話題を呼んだ、痛快娯楽浪人活劇。(『きりえや偽本シネマ大全』p.18 掲載)

『椿悲鳴』→ p.134

たましいの叫び。

04 芋がYOU!

Potato, You are!

いもがゆー

続・世界文学名作選⑯

芋がYOU!

Potato, You are!

悪口じゃん。

新撰、文庫版世界文学全集続編第三回配本。
夢にまで見た芋粥一年分のため、
フリースタイル連歌バトルに挑む貧乏貴族。

フリースタイル連歌バトル

歌人同士が**五七五**と**七七**のリズムに乗せ即興で交互に句を披露、**相手を罵倒**し勝敗を決めるもの。最も一般的なルールでは、**百句の応酬**（**百韻**）終了後、**付合**（相手の句との関連方法）や**風情**、**声色**、**定め詞**（決め手となるフレーズ）の多寡などの諸要素を統合し、観客の支持を表す歓声の大小によって勝者が決まる。歌会に参加できない貧乏貴族同士が馬小屋で憂さ晴らしに始めた口喧嘩がその起源とされ、流行が宮中にまでに広がった現在も会場には座敷ではなく蔵内など土足の環境が好まれている。

【あらすじ】

タレ目に赤鼻、見た目も仕事もまったく風采の上がらぬ小役人五位の夢は「芋粥を飽きるほど食う」こと。その噂を耳にした藤原利仁は、優勝賞品芋粥一年分のフリースタイル連歌バトルを領地敦賀で開催、戯れに五位の参加を促す。雅さのかけらもない彼に歌など読めるはずがないと踏んだ利仁の予想を裏切り、敦賀に現れる五位。マイクを手にした途端まるで別人となった彼は、破竹の快進撃を始める。日頃の鬱憤を燃料によどみなく口をついて出る悪態の数々。フリースタイル連歌こそ、持たざる者のためのカルチャーだったのだ——。

書影　裏

書庫

初版特典

「GOI（五位）
デビューCDアルバム
『芋がYOU!』」
抽選で5,000名様に
プレゼント

決勝戦（※ネタバレ）

決勝戦の相手は、出自境遇はては容姿に至るまでことごとく恵まれぬ、「かわいそうな男」。これでは何をけなしても自分が弱い者いじめの悪者となってしまう。守勢一方となり苦しむ五位だったが、もはや勝敗決したかに見えた９５句め、ついに反撃に転ずる。「ハンデの有利で得意になった、お前の心根クソだせえ！（現代語訳）」雪崩を打つ観客の共感。勝者となった五位は観衆の見守る中、勝利の芋粥を口にする。ところがあれほど夢見たものがまったくうまいと思えない。チクリと胸が痛む。きっと自分は今日一日で変わってしまったのだ。しかしそれが哀しいことだと、五位は思わなかった。

05 金閣G

きんかくじー
Gold-Kinkaku

「完全無欠」の残酷さ

続・世界文学名作選⑰

眩しすぎ。

新撰、文庫版世界文学全集続編第三回配本
完全無欠のスーパーロボット・金閣G（ゴールド）
そのまばゆすぎる光が男を凶行に走らせる……。

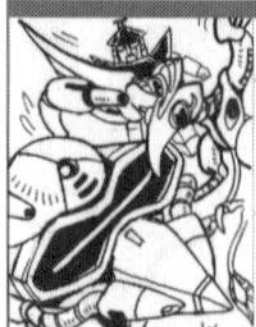

金閣G ひっさつわざずかん

ゴールドキック…わざとあしげにすることで、かくのちがいをみせつける。
ゴールドめつぶし…くみあったさいあたまのほうおうがとびたち、あいてのかおをねらう。
ゴールドフラッシュ…まばゆいひかりをあびせてあいてのうしろぐらいこころをあぶり、うごきをとめる。 **ゴールドフィニッシュ**…ぬきてであいてのいちばんいたいところをつき、なかからひかりをあびせてじばくさせる。

【あらすじ】

訓練中の事故により右手を失ったパイロット候補生溝口は、自らが乗るはずだったスーパーロボット金閣Gの担当整備士となる。完璧な強さと美しさで京都の平和を守る金閣。憧れた機体の、傷一つないその姿を保つことが自分の新たな使命と信じ、仕事に励む溝口であったが、いつしか眩い黄金の光を浴びるたび、失ったはずの右手部分に鈍い疼痛を感じるようになる——。

明るすぎる光を浴び続け次第に濃くなる心の影。ついに意を決した溝口の、マシンアームが摑んだものとは？

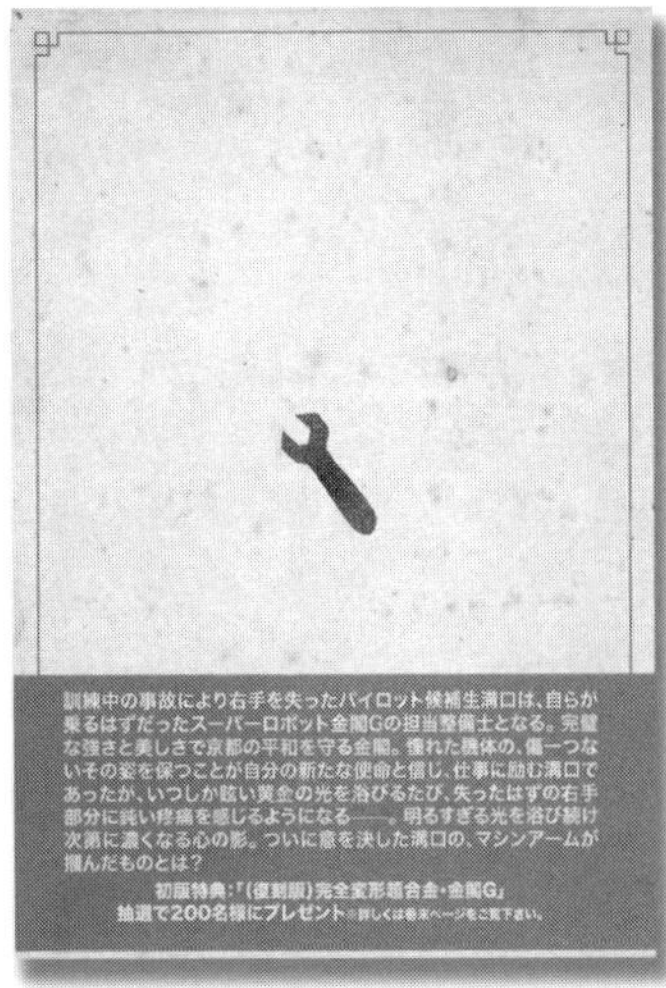

書影　裏

書庫

初版特典

「完全変形玩具・金閣G（復刻版）」
抽選で200名様にプレゼント

変形オモチャ空前の大ヒット

刊行時発売された玩具「完全変形スーパー金閣G」は、作中描写通り楼閣モードから人型モードへと完全変形する精巧なギミックに加え、「大人みたいに寺社を持ってみたい」という子どもの背伸びしたがる心を刺激して空前の大ヒット。当時小遣いが足りずに買えなかった大人向けに近年発売された新規造形の再販版ではプロポーションや変形機構をはじめ各所を現代の最新技術でリニューアル。一部に24金使用、格納ドックを模した陳列台、クライマックスの炎上シーン再現エフェクトなどの豊富なオプションパーツ付きで一体10万円以上するにもかかわらず、予約注文が殺到したらしい。

06 堕落クローン

Clone in Decadence

だらくくろーん

まずは堕ちろ。

続・世界文学名作選⑱

堕落クローン

Clone in Decadence

だって他にもいるんでしょ？

新撰、文庫版世界文学全集続編第5回配本。
堕落しきったクローンに、きれいな言葉は響くのか？

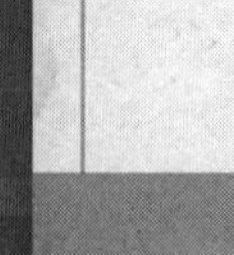

クローンの祖先

クローンオリジナルの祖先は元来実直勤勉な若者であったが、第二次世界大戦中南方戦線で遭難。保護された現地の村人に教わった賭博に溺れ、身ぐるみ剝がされ何故か恍惚となった状態のところを保護されたと記録にはある。クローンAN-5号はおそらくその彼が持っていた堕落因子を色濃く継いだ個体と考えられ、それはやたら大インコに好かれる性質からも明白である。

（参照『ヒルマの賭事』→『きりえや偽本大全』p.220）

【あらすじ】

実験クローンＡＮ－５号の素行が乱れているとの報を聞きプラントに急行した研究員は、開発費を無駄にしたくない一心から彼の更生を試みる。「いいじゃん代わりがいんだから一人ぐらいうらぶれたってよう」「いや違う。『ルーレット理論』上では、オリジナルの遺伝子にあって顕在化していない性質が、各クローンにそれぞれ割り当てられるので……」「つまりなんだ？」「君の個性はかけがえのない世界で一つだけのものだということだ。ほら、そのインコだって君にしかなつかないだろう？」「たしかに。じゃあそれ以外の俺の個性って、何」「……なまけもの？」「やっぱ寝るわ俺」

書影　裏

書庫

初版特典

「遺伝子バンク口座
（保証期間100年）」
抽選で100名様に
プレゼント

その後のクローン AN-5号

その後彼はひとしきり堕落した後、堕落自体に飽きて生きようとする自分を発見。同時に「唯一無二の自分らしさなど元から誰にも存在しない」という開き直りにも似た境地に到達する。彼の著した『堕落クローン～みんな一緒で何が悪い』は自分探しに疲れ果てた現代人の心に見事に刺さり、大ベストセラーに。知識人から「全体主義を助長する」という批判が湧き上がった際には「仕方ないじゃんクローンなんだから」と鼻をほじりながら答えたという。

07 ヴィヨンのくま

Villon's Bear

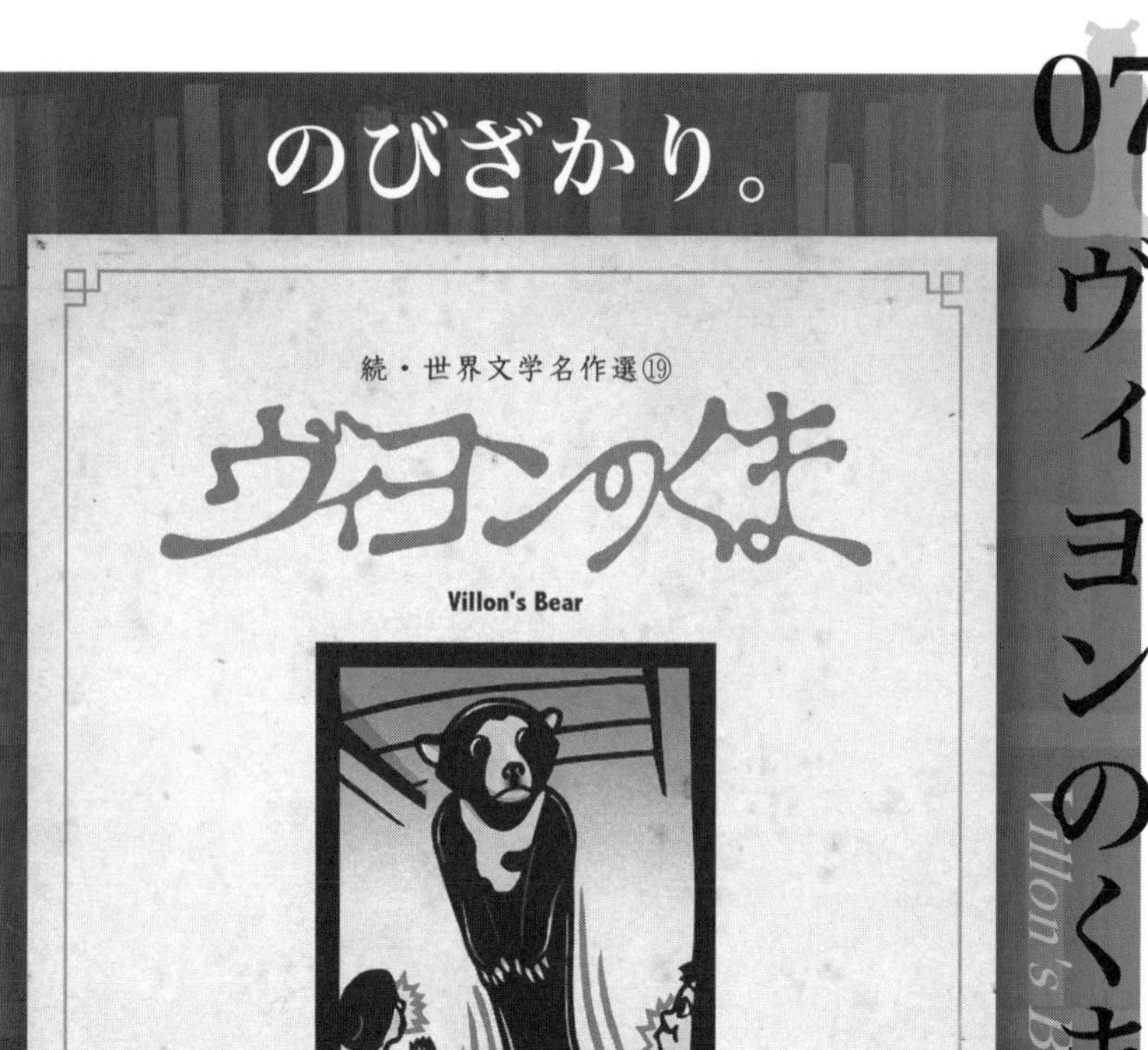

のびざかり。
続・世界文学名作選⑲
ヴィヨンのくま
Villon's Bear
のびます。
新撰、文庫版世界文学全集続編第５回配本
飼い主を見限り小料理屋で伸び伸び生きるくま。

非公認世界記録保持者

小料理屋で起きた「食い逃げとっ捕まえ事件」。金を払わず入り口へと向かう影を発見したカウンターのくまはその場から伸び上がり犯人を捕捉。逃げる男に引かれさらに伸びながらもカウンターの縁に足をかけて離さず、気づいた他の客がこれを取り押さえ見事御用となった。カウンター内から入口前までの距離およそ7.8m。これはくまの伸張世界記録とされる5.2m（記録保持者：ベルリンサーカスの「マーシャ」）を遥かに上回る距離で、非公認ながらいまだそれを超えるくまは現れていない。くまは頑張ったご褒美に壺いっぱいのはちみつを振る舞われたという。

【あらすじ】

店の金を持ち逃げした遊び人、大谷に飼われていたというくまが小料理屋に現れ「働いてお金を返すから、ここに置いてほしい」と訴える。何ができるのかと聞けば、ただ一言「のびます」とだけ。無下に追い返すのも忍びなく、さりとて何をさせればよいのか考えあぐねた夫婦だったが、ある日くまが食い逃げ犯を奥のカウンターから伸びて捕らえる姿を見、店の配膳全般を任せることを決意する。

看板ぐまの評判を聞きつけたのか、ある日消えた大谷が金を持って現れる。「くまを引き取りたい」と言い出す大谷に対しくまは――。

書影　裏

書庫

初版特典

「ラバー製
ヴィヨンのくま人形」
抽選で50名様に
プレゼント

大谷の屁理屈と退場（※ネタバレ）

「あいつがのびるのは俺の先延ばし癖が伝染ったからだ」とくまの返還を迫る大谷。「ふざけないどくれ！ この子はね、のびるからじゃない。気立てがいいからうちで働いてもらってるんだ！ アンタなんかと一緒にするんじゃないよこの唐変木」おかみさんの啖呵と同時に常連客が大谷を取り囲む。「帰ろう。俺は、お前がいないとだめなんだ……」タコ殴りにされ這い出た店先で、そうつぶやきながら大谷が抱きついたのは電柱。それを見ながらくまは真顔で頷いた。〈やっぱりそうだこのひとは、近くのものならなんにでも寄りかかっちまうやつなんだ。誰がいたってだめだこりゃ〉。

08 次に吠える

Howling next time

つぎにほえる

夜明け前の逡巡。

統・世界文学名作選⑳
次に吠える
Howling next time
今行こうよ…。
新撰、文庫版世界文学全集続編第8回配本
詩に託してあふれ出す、ぐいぐい行けぬこの想い。

文壇を席巻したモジモジ派

本書をきっかけに、これまで引っ込み思案で発表をためらっていた才能が次々とデビュー。彼らは〈モジモジ派〉と呼ばれ、内気な読者の共感と支持を一気に集め文壇で猛威を奮うに至った。モジモジ派作家の特徴として、繊細にして自意識過剰、自己嫌悪の底に流れる根拠のない自信や楽観性。他力傾向などが挙げられ、煮え切らない本人の態度に業を煮やした編集者や周りの友人作家の力でデビューした点も共通である。人気絶頂時出版社が開いた会派設立パーティで全員がモジモジしてしまい、誰一人親交を深められなかったことがもととなり解散した。

【あらすじ】

「いつも、なぜおれはこれなんだ」

明治～大正期に行われた様々な試行錯誤を突き破り、ついに日本語による口語詩表現を確立したとされる詩集。中でも書名と同題の一編「次に吠える」は、詩に憧れ、周りから才能を認められながらも、勇気が持てずもじもじと周りを窺い、なかなか自らの詩集を発表することができなかった作者自らの姿を投影したといわれ、時代を超えて今もなお、あと一歩が踏み出せずにいる若者たちの心を照らし続けている。

書影　裏

モジモジした友人を持つあなたへ　司書のおすすめポイント②

帯の「今行こうよ…。」に熱く頷いてしまう一冊。周囲から実力を認められているのに、なかなか詩集を出せずにいたという著者。めでたく刊行した本作を読むと「こんなに素晴らしい詩を書きながら、この人は何をためらっていたのだろう」ともどかしさに震えます。自己肯定感の低さなのか、自尊心の高さゆえか。モジモジした友人に「今が吠えどきだろぉ！」と喝を入れたいときに読むと、勢いあまって崖から突き落としてしまうほど歯がゆさが高まります。（つ）

原作本紹介

『山椒大夫・高瀬舟』
新潮文庫

『山椒太夫』

森鷗外

鎌倉時代から語られた説経節「さんせう太夫」をもとに森鷗外が原話の凄惨な描写を削り、姉弟愛を軸に翻案・執筆した小説。人買いに攫われ山椒大夫という男に売られた姉弟、安寿と厨子王の運命を描く。山椒大夫のもとで過酷な労働をさせられた姉弟は、日ごとに心身を弱らせていた。姉の安寿は一計を案じて厨子王を連れて山を登り、彼に守り本尊を渡して逃げるように言い聞かせ、彼が去った後入水自殺する。国分寺に逃げた厨子王は僧に匿われて都に上り、清水寺で高貴な老人に出会う。彼に頼まれて守り本尊を見せた厨子王は、彼の世話になり丹後の国守に命じられる。1915年発表。

補足

『青い珊瑚礁(映画)』

1980米

1980年にヒットを記録した、孤島を舞台とする恋愛映画。ヘンリー・ドヴィア・スタックプールによる1901年の小説"The Blue Lagoon"を原作とし、1923年と48年にもイギリスで映画化されている。難破船から脱出、親とはぐれ南海の孤島にたどり着いた8歳の少年と7歳の少女、リチャードとエメラインは力を合わせ生き抜いてゆくなかで、いつしかお互いを異性として意識するようになる……。主演のブルック・シールズは本作と、次作『エンドレス・ラブ』のヒットにより一躍人気スターとなった。

監督：ランダル・クレイザー
出演：ブルック・シールズ
　　　クリストファー・アトキンズ
製・配：コロンビア・ピクチャーズ

『舞姫』

森鷗外

舞台は19世紀末。上司の期待を背負ってベルリンに赴任した太田豊太郎はある日、父を亡くして泣いている少女、エリスに目を奪われる。葬式を挙げる貯金がないと言う彼女に自分の時計を質に入れるように伝えた豊太郎は彼女と交際するようになる。ところがそれを快く思わない人間が上司に告げ口し、彼は任を解かれてしまう。友人相澤の口利きで新聞社の通信員の職を得た豊太郎はエリスと幸せな日々を送る。ところが彼を案じる相澤は豊太郎が倒れた折に彼がエリスとの関係を断ち国に帰る決断をしたことを彼女に告げ、エリスは心労によって精神を病んでしまう。1890年刊。

『現代語訳 舞姫』
井上 靖 訳
山崎 一穎 監修
ちくま文庫

文責：現代書館編集部＋きりえや

新潮文庫

『三四郎』

夏目漱石

03

東京帝国大学に合格し九州の田舎から出てきた青年、三四郎を主人公に大学の様子や淡い恋愛を描いた青春小説。生真面目な三四郎は都会に出てきて早々その空気にもまれ、大胆不敵な女や水蜜桃が大好きな髭面の男に翻弄される。彼は森の中の池で近代的な若い女性、美禰子に出会う。水蜜桃の男、広田の引っ越しを手伝った際に言葉を交わすようになった二人だったが、その後美禰子は「ストレイシープ」など印象的な言葉を度々口にして三四郎を惑わせる。三四郎は同郷の先輩にあたる野々宮の学問への情熱に感銘を受ける一方で、美禰子への愛に目覚めていくが……。１９０９年刊。

『芥川龍之介全集〈1〉』
ちくま文庫

『芋粥』

芥川龍之介

04

『今昔物語集』中にある一編を下敷きにした短編小説。平安時代、摂政藤原基経に仕えていた五位は、風采の上がらない小男だった。赤鼻で眼尻が下がり、口ひげの薄い顔をしており、周囲の人間からも軽んじられていた。しかし、そんな彼には夢があった。それは、「芋粥を飽きるほど食べたい」というものだ。

饗宴で五位のその夢を聞きつけた藤原利仁はその夢を叶えてやろうと申し出る。五位は躊躇しつつもその申し出を受け、後日彼は利仁に連れられて敦賀へゆく。ところが利仁の用意した大鍋いっぱいの芋粥を見た五位は……。

１９１７年刊。

新潮文庫

『金閣寺』

三島由紀夫

05

実際に起きた放火事件に材を取って書かれた小説。貧しい僧侶の家に生まれた溝口は吃音と自身の容貌の醜さに悩み、周囲からもいじめられていた。父親から金閣寺の美しさを聞かされて育った彼は金閣寺への憧れを募らせるが、はじめて見た金閣寺をそれほど美しいとは思えず落胆する。しかし戦争が激化する中で金閣寺の「悲劇的な運命」に美を見出すようになる。結局金閣寺は焼けることなく戦争が終わり、大学生になった溝口は柏木という男と知り合うが、自分にとっては劣等感の元である障害を逆に利用して女性を籠絡している彼に対して嫌悪感を覚える。

１９５６年刊。

原作本紹介

『堕落論』

坂口安吾

無頼派作家、安吾の代表作である随筆・評論。終戦直後の混乱期にこれまでの倫理観を分析、解体した上で逆説的に生きる指標を示し絶大な支持を得た。「敗戦し崩壊したかに見える『美しい』戦前の道徳観念、すなわち貞節・武士道・天皇制などはどれも人間の本質を制御するために規定されたもので、元来人間は堕落するものである。つまり堕ちるのは戦争に負けたからではなく、人間だから、生きているからであり、もとに戻っただけなのだ。それを防いだところで人間は救えない。まず生きよ堕ちよ、そこから見えてくるものの中にしか日本を、自分自身を救う道はない」と説いた。1947年刊。

06

新潮文庫

『ヴィヨンの妻』

太宰治

小料理屋の金を持ち出して追われてきた遊び人の男、大谷は妻である「私」の前で店の夫婦と騒動を起こし、行方をくらませた。その場をなんとか収めた「私」は翌日小料理屋に行き、金を返す用意ができたから、それまで店を手伝わせてほしいと申し出る。金を返す当てはなかったものの、クリスマスイブのその夜、本当に大谷が店に現れる。大谷に昨夜持ち出した金を返させることができた「私」だったが、そのまま小料理屋で働いて大谷の借金を返したいと店主たちに頼み、「椿屋のさっちゃん」としてイキイキと立ち回るようになる。1947年刊。

07

新潮文庫

『月に吠える』

萩原朔太郎

北原白秋主宰の詩歌詩『朱欒』で詩壇デビューした萩原朔太郎の初の詩集で、五十四編の詩を収録。日本における口語自由詩の形式を完成させたと言われる。友人たちの助けを得て自費出版で五百部ほど刊行したところ、掲載した二篇の詩が内務省警保局図書課の内閲により発売禁止となる。著者は『上毛新聞』に「風俗壊乱の詩とは何ぞ」と題した文章を掲載して反論し、該当の詩を削除して改版した。序文を北原白秋が、跋文を室生犀星が執筆している。装幀を詩人であり画家でもある恩地孝四郎が、挿絵や口絵を当時画壇の鬼才と称されたという田中恭吉が担当した。1917年刊。

08

『萩原朔太郎詩集』
岩波文庫

文責：現代書館編集部＋きりえや

図書館だより 春

NISEBON LIBRARY

れんさいまんが
アスクドラビット ①
うさぎはピョンとはなかないぞ

亀仮面のセントーンに続いてラビットがジャンプ!さあ出るか…
ぴょーーん
じめ
セントーン＝背中落とし
必殺二人重ねの「ひとでなしドロップ」!!
カーン
決まった!
うん?
道場のテレビ
ワー
あの技ってさあ…
あんまり好きじゃないんだよね
え!? 今ごろ
3年やってたじゃん!
いたいし。
亀はガマン強い。

新生活応援!!

新しい一歩を踏み出すための本を集めました。

人気者になろう!

『サンショウだYOU!』
日本文学の棚

(→p.10)

才能を発揮しよう!

『次に吠える』
日本文学の棚

(→p.24)

自分らしく行こう!

『ヴィヨンのくま』
日本文学の棚

(→p.22)

くじけず頑張ろう!

『非はまたのぼる』
アメリカ文学の棚

非はまたのぼる
またおまえかっ

(→p.78)

トピックス

①当市出身アイドルデビュー

この春CDデビューする期待の新人ZUSHIOUMARUは当市出身。かえるレコードから発売されるデビューシングル「H!!グッバイエラ呼吸」は初恋のドキドキを歌ったアップチューンなポップナンバーです。みんなで応援しよう!(→p.10)

②図書館裏広場でフリースタイル連歌バトル開催

人気沸騰中の、フリースタイル連歌バトル大会が開催されます。飛び入り歓迎。優勝者にはあの絶対王者「GO!」への挑戦権が。「GO!」からのコメントです。「生きて暮らしている限り、不平不満の種はつきまじ」チェキラ。(→p.16)

③駅前商店街で福引

家計に優しい駅前商店街でまた福引が開催されます。「当たればデカいがほぼ当たらない」ことで有名なこの福引。自分の運を一度試してみませんか? 500円のお買い上げで一回分の引換券。はずれでも参加賞としてうまい棒がもらえます。(→p.38)

ファンアートコーナー

きりえや
偽本図書館
開館
おめでとう
ございます!!!
応援してます!!
偽本ワールド
もっと広がれ〜!!!
by
バクちゃん推し

I LOVE NISEHON

作：バクちゃん推し

司書の激推し

(→p.32)

『叔父記』

古典／歴史・時代小説の棚で貸出中

『王子と叔父貴』『星の叔父さま』など、これまで数多くの読者を魅了してきた叔父さんシリーズ。本書の主人公は、あの叔父さんの先祖です。子孫に引けを取らないゆるさや飄々とした叔父っぷりは、「役に立てないことがあってもいいじゃないかと思えた」「私も引きこもって叔父さんに擁護されたい」と新生活で気張りすぎてしまった人たちから熱狂的な支持を集めています。この本の貸し出しが増えると、春が落ち着いてきたんだなと感じます。（つ）

Q&A

Q：言いたいことをなかなか口には出せない性格で困っています。ストレス発散にいい本はありますか？

A：『芋がYOU!』をおすすめします。日ごろ言葉を飲み込んでいる側がマイクを手にしたときの勢いが小気味よく、ぐいと背中を押される一冊です。ひょっとしたら主人公の五位や対戦者の歌人たちの悪態の中には、あなたが日常で使えるフレーズもあるかもしれません。（つ）

※今のあなたに最適な本を司書がご案内します。お気軽にお声がけください。モジモジ派のあなたは館内中央にありますパネル「ザ・ブックコンシェルジュ（p.50）」もぜひご利用ください！

芋がYOU!

悪口じゃん。

『芋がYOU!』 (p.16)
日本文学の棚で貸出中

本日の館長

花びらがついてると伝えたら
とらないでいいといわれました。

図書館からのお知らせ

①オールナイト紙芝居開催
今月の毎週土曜7時〜終了未定。

「ももかろう」

「浦島だろう？」

「さるか、にがさん（p.152）」ほか

②勉強室工事中（〜6月末迄）
館内老朽化のためご迷惑をおかけします。期間中は代わりに隣の文化センター内能楽堂を開放しますので雅な気分でお勉強頑張ってください。

③アルバイト募集中
図書館の運用を一緒に手伝ってくださる仲間を募集しています。本が好きなら人間以外でもOK！勤務継続一年以上の方には冬眠手当も。ご応募はお電話かカウンターまで。

002

一般書(国内)

古典 / 歴史・時代小説の棚

# 叔父の起源。	# その名も真田丸
# ここではない、どこかへ	# 快男獣登場。
# 本人様ご降臨	# 危ないっす。
# 鬼の平蔵、ムキになる	

09 叔父記

おじき

Ojiki

今もむかしも。

続・世界文学名作選㉑

叔父記

Ojiki

叔父の起源。

新撰、文庫版世界文学全集続編第10回配本
正史に記されない、日本神話における叔父の活躍。

叔父の登場例（「海幸、山幸」編）

「やあ山ぼう珍しいな、釣りかい？ ちょっとその竿大叔父さんに貸してごらん。僕はこういうの得意なんだ。見てなさい。ん？ あ、針とれちゃった……」「大叔父さんっ！！ なんてことを。あの針は兄さんが命より大切って言いながら渋りまくってようやく僕に貸してくれたものなのに！！」「まあ落ち着くんだ山ぼう。命より大切なものなんてのはね、世の中にはあんまりない」「あんまりってなんだ――！！」「いやその、たとえば他の神からの信頼とかさ」「それってつい今しがた大叔父さんがなくしたものだよ」

【あらすじ】

日本最古の、叔父について書かれた書物。記紀には書かれない、あるいは書く必要のなかった、神代から推古天皇までの各時代に叔父が果たした役割を紐解き、叔父たるものの存在を世に知らしめる役を担った。

同時代の書物上には存在しないオジノ神（イザナミ神の弟）は、天岩屋戸事件の際には「引きこもった子を無理やり引きずり出すなんてひどい」と周りに訴え、自分を慕うスサノヲのヤマタノオロチ退治の際には役に立たないアドバイスを与えるなど、社会的な地位や価値観から自由な存在として描かれ、千三百年前から叔父の本質は変わらぬことを今に伝えている。

書影　裏

叔父の復権・叔父の危機

天岩屋戸事件の際、アマテラス神を庇ったオジノ神の行動が波紋を呼んでいる。現代の基準に照らせばあれこそが引きこもった者への心ある正しい対処法だと賞賛され、あろうことか来年は教科書にも「見習うべき態度」として載るというのだ。役に立たぬことをその存在の基本とし、集団内では身内にいる「しかたのない人」、あるいは「家父長制下で自由に振る舞うトリックスター」のはずであった叔父の役割が今大きく揺らいでいる。ひょっとすると我々は、1300年間不変であった叔父の定義が姿を変える、その歴史的瞬間に立ち会っているのかもしれない。

10 曽根崎珍獣

Rare monster at Sonezaki

そねざきちんじゅう

何処へ。

続・世界文学名作選⑤

曽根崎珍獣

Rare monster at Sonezaki

やりにくいわ。

新撰、文庫版世界文学全集続編第4回配本
江戸期の「珍獣もの」ブームを牽引した傑作
世話物浄瑠璃。

ここではない、どこかへ①（※ネタバレ）

浮世のしがらみから離れることで自由を手に入れたお初と徳兵衛。恋路の邪魔となるものは、もはや森には存在しない。夢に見続け焦がれた暮らし。しかし日に日に萎んでゆく胸の高鳴りにふたりは戸惑うこととなる。生活とは穏やかに燻りつづける線香であり、一瞬の輝きとともに燃え尽きる花火ではない。そして恋の季節が過ぎたあと、いたわり合って生きるには、ふたりきりではだめなのだ。「町に戻りたい」呟くお初をただ抱きしめるしかない徳兵衛。そんなふたりを森の獣・けうぽらは黙って静かに見つめていた……。〈つづく〉

【あらすじ】

不運が重なりこの世で結ばれることが叶わなくなったお初と徳兵衛。「せめてあの世で」と、心中の名所曽根崎の森にたどり着く。懐から短刀を取り出し、さあいよいよという段で、草をかき分け現れたのは、得体の知れぬ大きな獣。止める様子はないものの、黙ってじっと見られてはやりにくいことこの上ない。ならばとふたり場所を変えても、いつの間にやらそばにいる。この世でも、あの世でも、居場所をなくした不運なふたりはついにとうとうやけになり、懐いた獣の巣を借りて、森で生きることを決意する――。

書影　裏

ここではない、どこかへ②「転生」(※ネタバレ)

あくる朝、ふたりの前に姿を現すけうぽら。朝霧の中しきりに手を振ったかと思えば、頭の玉を残し透き通って消えてゆく。霧が晴れ、気がつけばふたりは見知らぬ広場の真ん中に。脇にそびえた豆腐のような楼閣から、ざんばら髪に筒袖を着た大勢の若者たちが一様にこちらを見下ろしている。「ここはあの世かしら徳兵衛さん」いつのまに、窓の連中と同じ格好になっていたお初が聞く。「いや。ここは……来世だ。けうぽらが、飛ばしてくれたに違いない。生きようお初。ここで新たな人生を！」晴れ上がった空に、けうぽらの頭にあった赤い玉が風に吹かれて流れて消えた。

11 四谷ガイダンス

Yotsuya Guidance

よつやがいだんす

本人様ご降臨。

続・世界文学名作選㉒

四谷ガイダンス

Yotsuya Guidance

うらにめしや。

新撰、文庫版世界文学全集続編第13回配本
誰もが知ってる怪談の裏の裏まで深掘りした
決定版ガイドブック。お岩さん本人責任編集。

「ご本人監修本」の興隆と衰退

本書を皮切りに、古典エンタメ作品の「ご本人監修」ガイド本がジャンル化。『皿屋敷』のお菊さん、『牡丹灯籠』のお露さんなど、有名どころが次々と登場する中、その決定打としてついにビッグネーム・吉良上野介が降臨する。物語上の悪役然とした様子からは程遠い、真摯な態度で事細かに間違いを正してゆく上野介。しかしくどくどと長い上に細かすぎる指摘と迫る締切に挟まれノイローゼになった編集者がいきなり彼の額を物差しで殴りつけるという不祥事が発生。その噂が霊界に広まったのか以降年間降臨者数は激減し、ブームは急速に沈静化したという。

【あらすじ】

世界的な疫病の流行と円の下落により深刻なダメージを受けた旅行ガイドブック業界。各出版社は窮余の策としてこれまでのノウハウを用い「フィクション世界のガイド本」を制作するという奇策を打つ。

本書もその系統に位置するものとして企画されたが、制作過程で思わぬ事態が発生する。制作開始後、本作一番のアイコンである「お岩さん」が、フィクションキャラにもかかわらず執筆者と編集の枕元に立ち、内容の間違いを正すようになったのだ。

世界でも類を見ない「登場人物全面監修」「新規撮り下ろし本人グラビア付き」ガイドブックはこうして誕生した――。

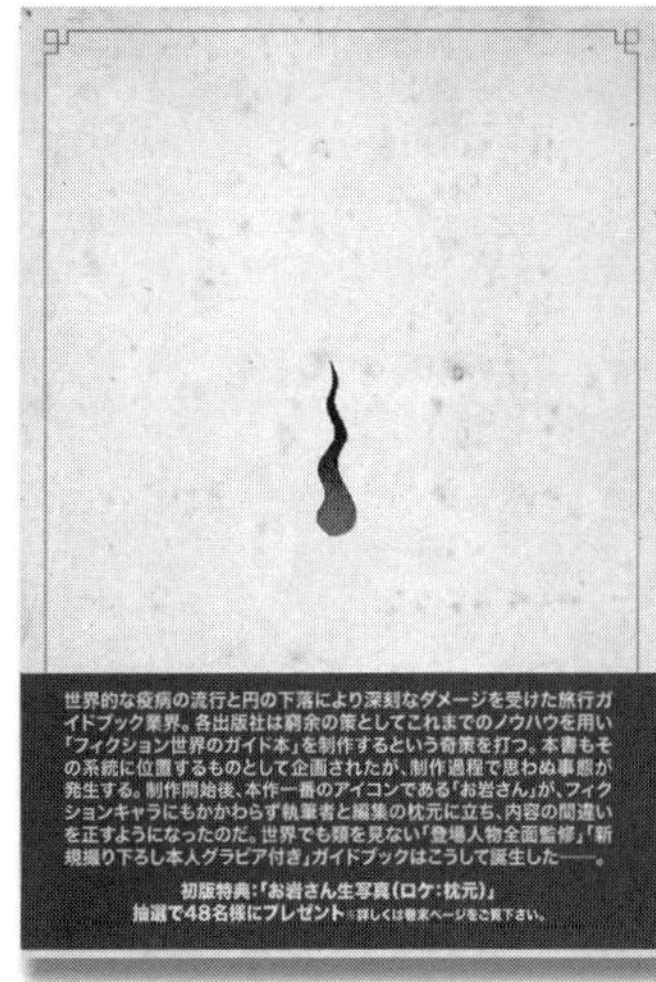

書影　裏

書庫

初版特典

お岩さん生写真
（撮影場所：枕元）

抽選で48名様に
プレゼント

従来のお岩さん像をがらりと変えた一冊

司書のおすすめポイント③

幽霊界の芸能人ともいえる知名度を誇る、お岩さん。そんな彼女が自ら監修した本書では、読者が抱いている印象とは大きく異なるお岩さんの姿を見ることができます。非業の死を遂げ、自分を陥れた人間を次々に祟り殺したおどろおどろしさから一転、執筆者に協力しグラビア撮影まで許可してくれる気さくな人柄に思わずファンになってしまいそう。その生涯は幸せなものとはいえなかったかもしれないけれど、イキイキと死後を楽しんでいる姿にホッとします。（つ）

12 鬼平参加賞

Onihei Participation Prize

おにへいさんかしょう

ここは負けられぬ。

続・世界文学名作選㉓

鬼平参加賞

Onihei Participation Prize

またどうぞ〜！

新撰、文庫版世界文学全集続編第五回配本
鬼の平蔵、ムキになる。

垂涎のうまい棒描写

「ああ、うまい棒だ。懐かしいなあ」山ほどの駄菓子を抱え屋敷に戻った平蔵を見るなり木村忠吾は歓声を上げる。「好きか、うさ忠(忠吾のあだ名)？ 世代なのか俺にはとんと馴染みがない」「うまいものですよ。こう、初手で口いっぱいほうばると……モゴモゴ」「何を言うておるのかわからぬ」「口中の水分をすべて吸い、上顎に張りつきます」「おう」「それを剝がしてよく嚙めばあれ不思議、もとのモロコシの味がするのです」「忠吾よ。これははじめからモロコシを食うわけにはまいらぬのか……」

【あらすじ】

火付盗賊改方長官長谷川平蔵、通称鬼の平蔵は密偵からの報告を受けた帰り道、自宅の詰所に控える部下たちへの差し入れにと、大量の兎饅頭を買い求める。包みとともに渡されたのは、あまり見慣れぬ紙の束。聞けば商店街の福引券だという。請われるまま戯れにガラガラを回す平蔵。しかし回せど回せど出てくる玉はハズレばかり。苦笑するおもてづらとは裏腹に、中身のほうでは「本所の銕」と呼ばれた頃の博打心に火がついて……。鬼平はじめ、配下や密偵の、事件の起こらぬ日の姿を描いた番外編的短編集。

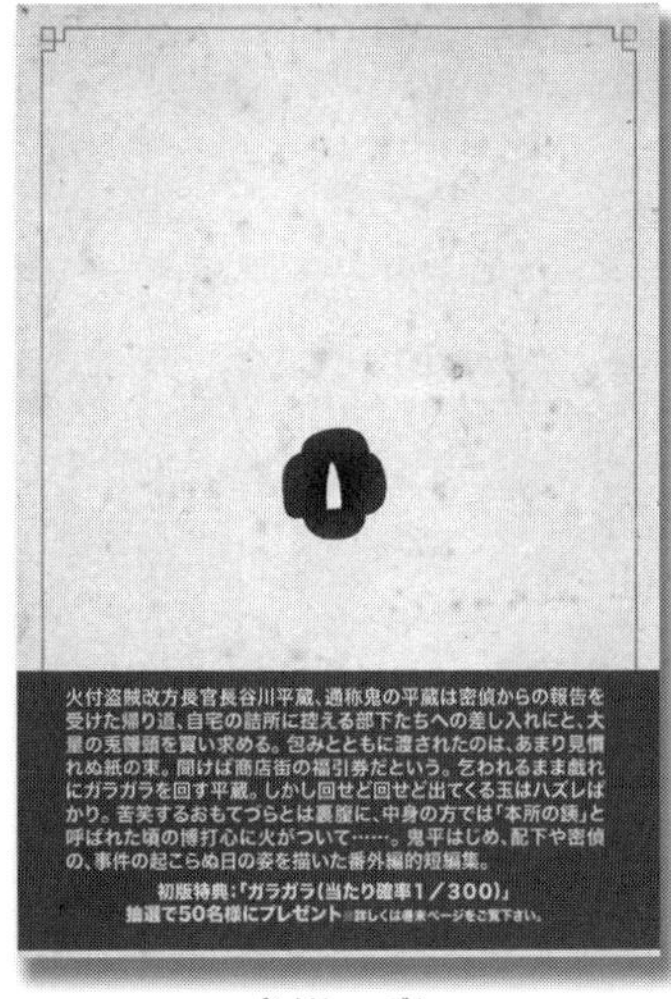

書影　裏

収録作品

「**うさぎとうさぎ**」…同心うさ忠こと木村忠吾が兎を飼い始めた。「兎は魔物ぞ。入れ上げるな」と平蔵は忠告するが――。「**さいごのねがい**」…「おれぁ最後に一度、銕っつぁんの角を触ってみてえ……」風邪で倒れて気落ちした密偵・相模の彦十が平蔵に長年の望みを打ち明ける。「**軍鶏と鬼**」…重傷を負った行きつけの軍鶏鍋屋主人三次郎の仇を討とうと、近くの竹林に巣食う野良軍鶏退治に乗り出す平蔵。「**おにはそと**」…節分の夜に限り、毎年屋敷から姿を消す平蔵。その秘密を解き明かそうと密かに尾行した部下たちは、驚愕の光景を目の当たりにする――。

13 真田開閉機

Sanada Switchgear

さなだかいへいき

いざ、出陣。

統・世界文学名作選㉔

真田開閉機

Sanada Switchgear

その名も真田丸

新撰、文庫版世界文学全集続編第六回配本。
大坂冬の陣に突如現わる異形の出城。
その鍵となるのは真田紐！

【真田丸】

大坂冬の陣で活躍した真田家の移動要塞(出城)。敵陣近くまで無傷で接近後、正面の高速開閉機から騎馬を繰り出し、両翼の大筒からは草の者を射出、徳川方に大打撃を与えた。関ケ原以前に父昌幸による図面は完成していたものの、動力伝達に適した軽量・剛健な素材が見つからずに頓挫。昌幸死去後、次男幸村が幽閉先九度山の地場産業である綿と絹とを高密度で織り合わせた紐を開発、技術的課題を克服しようやく完成させた。九度山を蟄居先に仕向けたのは徳川方についた兄信之と言われており、両素材に先に着目した兄が弟に気づきを促した可能性も指摘されている。

【あらすじ】

轟音とともにまっぷたつに割ける石垣。土煙の中攻め方がはじめに目にしたものは、巨大な六文銭であった――。

大坂冬の陣において縦横無尽の活躍を見せる移動要塞「真田丸」。異形の出城を特徴づける正面に据えられた高速開閉機の誕生には、戦国の世を生き抜いた真田家苦難の歴史のすべてが詰まっていた。

一族の生き残りをかけ、武勇と知謀で戦国末期の荒波に挑んだ真田昌幸と信幸（信之）信繁（幸村）兄弟の波乱の生涯を、取り巻く忍びたちの活躍を交えて描く一大大河ロマン。

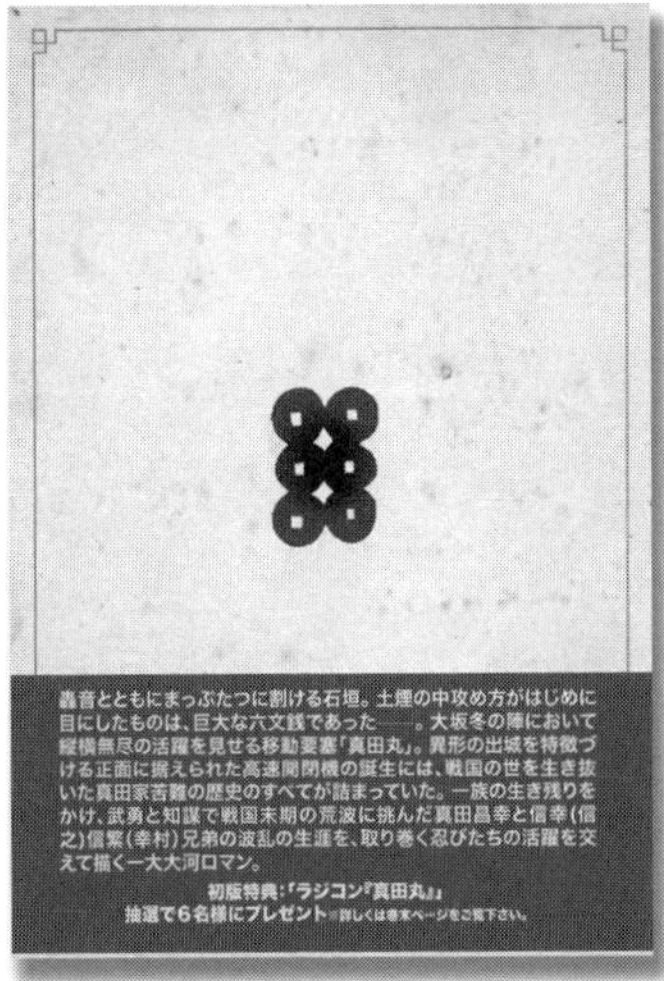

書影　裏

書庫

初版特典

ラジコン『真田丸』

抽選で6名様に
プレゼント

親父殿大渋滞　　司書のおすすめポイント④

底知れぬ知略と底抜けの人間臭さを併せ持つ真田兄弟の父・昌幸をはじめ、魅力的な大人の親父がこれでもかと登場します。読み進めるうち必ずあなたの推し親父が見つかることと思います。「歴史上の人物に（現代的味付けによる）親近感はいらない。圧倒的で憧れる存在であってほしい」そういった思いを持つ方には最適な作品です。ちなみに僕の推し親父は有能すぎる草の者頭領・壺谷又五郎です。（り）

14 リャマがゆく

Llama!

快男獣登場。

統・世界文学名作選㉕

リャマがゆく

Llama!

パカじゃないきに。

新撰、文庫版世界文学全集続編第三回配本
混乱極まる幕末日本を風のごとく駆け抜けた獣の生涯。

リャマとアルパカとビクーニャの違い（南米生息のラクダ科動物※ほぼ本当）

リャマ…サイズ大（1.8〜2.0m）。荷運びや肉、毛を取るために飼われる。毛は多いが硬い。基本おとなしいが、気に入らない相手に唾を吐く（くさい）。**アルパカ**…サイズ中（リャマとビクーニャとの中間）。主に毛を取るために飼われる。刈るまで伸び続ける毛は、柔らかく保温性が高い高級素材として知られる。臆病な一方好奇心旺盛で、気に入らない相手に唾を吐く（くさい）。**ビクーニャ**…サイズ小（1.2〜1.9m）。毛は細くて上質、加えて希少な超高級素材。繁殖期になると縄張りをめぐって喧嘩するので飼いづらい。ペルーの国章にいるのはこのこ。かわいい。

書影　裏

【登場人物】

坂本リャマ…土佐脱藩。誰よりも広い視野が武器。「日本を洗濯」が口癖だが毛皮の洗濯には無頓着。**カツ改宗**…幕臣。リャマの師匠。異国文化の芯を掴むため度々宗派替えをする。**木戸ゴーイング**…長州一のモテ男。刺客から逃れるため常に移動している。**西郷サカモリ**…酒むくれした薩摩の巨漢。配下は犬二匹。**大久保と清水**…後に薩摩藩の頭脳となる知性派漫才コンビ。お揃いの盛りすぎな髭が目印。**岡田いいぞう**…土佐勤王党リーダー・武市反米だ子飼いの人斬り。コンプレックスの塊だが褒めれば伸びる子。**オットセイ**…寺田屋女将。面倒見の良い海獣。**おーりょー**…リャマの妻となる変わり者。店の金を持ち逃げする常習犯。

リャマひとり歩き（「騙したのね！」「いやフィクションって言ってるじゃん」）

近年の研究では、「坂本リャマは明治維新でそれほど重要な役割を果たさなかった」とされ、さらには「リャマではなく人間だった」という説さえある。このことを根拠に本作品を叩く風潮も見られるが、作者自身がはじめからフィクションだとうたっている以上、大人気ないといわざるを得ない。だがいいたくなる気持ちもわかる。ジャーナリスト出身の著者による、資料や取材内容を駆使した独特の語り口が真に迫りすぎているからだ。いかにもっともらしく嘘をつくか日々腐心している身としては、見習うところ大である。

15 坂の上の相撲

Sumo on a hill

さかのうえのすもう

近代相撲黎明期を描く国民文学。

新世界文学名作選拾遺篇①

坂の上の相撲

Sumo on a hill

危ないっす。

新撰、文庫版世界文学全集拾遺篇第一回配本
露人力士勢を撃破し近代日本相撲の礎を築いた
秋山兄弟の物語。

実際にあった坂上土俵①

今では殆ど見かけなくなった坂上土俵。かつては高台に位置する神社境内には必ずといっていいほど存在し、転がる子どもの悲鳴が村中によく響いたものである。宅地開発の波に押されすっかり数は少なくなったが、現在も相撲部屋のいくつかは郊外の坂に自前の土俵を設置し、そこで弟子を鍛えている。坂上土俵で稽古を重ねた力士は、転がるうちに受け身が上達するばかりではなく、体型の角が取れ相手力士のつかみにくい丸い体になるという。年季の入った相撲通には、ひと目でそれがわかるそうである。

【あらすじ】

幼き頃より坂上にある土俵で互いの腕を磨き合った秋山兄弟。兄好古は恵まれた体格を生かしたスケールの大きな相撲、弟真之は小兵ながらも知略と機動性を生かした取り組み。個性は違えど相撲を愛する心は同じ。新弟子検査を経て入門し、番付を駆け上がった二人はやがてロシア出身力士からなる巨人艦隊と対決。外国出身力士に固められた角界に風雲を巻き起こす。

実在の力士をモデルに近代相撲黎明期を描いた国民文学。

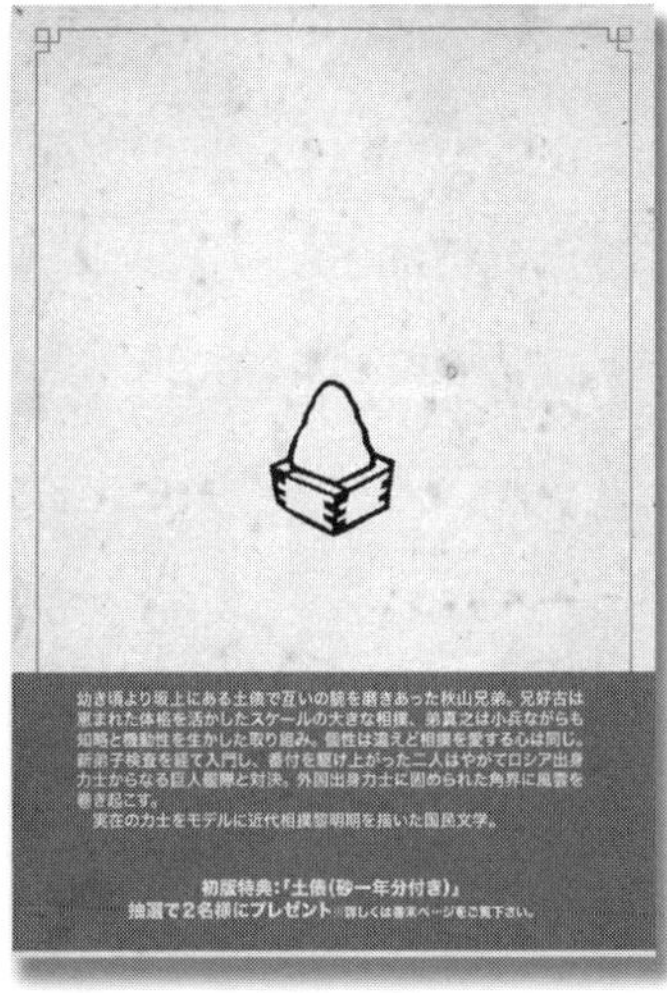

書影　裏

ふりつけにも
影響が
あるとか
ないとか

実際にあった坂上土俵②

かつて日本で「坂」といえば、まず「力士」が連想されたものであるが、坂上土俵の衰退により現在はアイドルグループがその座に収まる。般若坂、地蔵坂など、何故か坂の地名を冠した少女たちが世を席巻する昨今であるが、その元となったグループに明確な番付が存在していた点や、舞台の上で声を出さずに躍動し、観客を魅了する点など、角界との共通点も多く、今なお坂と力士との関係性が目立たぬ形で脈々と受け継がれていることを感じさせる。

原作本紹介

09 『古事記』

太安万侶（編集）

７１２年に元明天皇の勅命により編纂された皇室および諸氏族の伝承をまとめた歴史書で、現存する日本最古の文学とされる。上中下の三巻構成で、神話・伝説・歌謡を多く収めている。天武天皇が稗田阿礼に誦習させたものを元明天皇の命で太安万侶が編者として引き継ぎ、完成させた。夫婦神イザナキとイザナミによる国生み、神生みの話や、スサノヲに腹を立てたアマテラスの天岩戸への引きこもり、スサノヲのヤマタノオロチ退治、貞操を疑われたコノハナサクヤ姫の火の中での出産など、今なお広く知られているエピソードが多数集められている。

『古事記』
倉野 憲司 校注
岩波文庫

10 『曽根崎心中』

近松門左衛門

実際にあった心中事件を脚色した浄瑠璃。大坂の醤油屋で働く徳兵衛は、遊女お初と相思相愛の仲だった。ところが醤油屋の主人は徳兵衛を跡取りにするために、彼を自分の娘と結婚させようとする。主人は徳兵衛の継母に結納金を渡し強引に話を進めようとするが徳兵衛に断られて激高し、結納金の返納と勘当を言い渡す。その金を主人に返そうとした徳兵衛のもとに友人の九平次が現れ、金を貸してほしいと頼む。徳兵衛は三日限りの約束で金を貸すが、返してもらいに行くと九平次にしらを切られ詐欺師扱いされてしまう。絶望した彼は覚悟を決め、お初のもとを訪れる。１７０３年初演。

『曾根崎心中
冥途の飛脚 心中天の網島
現代語訳付き』
近松門左衛門 著
諏訪 春雄 訳注
KADOKAWA／
角川ソフィア文庫

11 『東海道四谷怪談』

鶴屋南北

１８２５年に初演された歌舞伎狂言で、怪談物の代表作。美男の悪党、伊右衛門を夫に持つ岩は、ある日伊藤家の娘のお梅からもらった薬を飲む。それは伊右衛門に恋し彼を手に入れたいと願うお梅の策で、岩の容貌を大きく崩す毒薬だった。一方伊藤家に懇願されてお梅との結婚を約束してしまった伊右衛門は、家に帰って岩の顔に驚く。夫から冷たい仕打ちを受けた岩は憤死し、伊右衛門は自分を責めた小仏小平を殺して岩とともに川に捨てる。梅と結婚した伊右衛門だったが、ある日梅の顔が岩の顔になり……。

『東海道四谷怪談』
鶴屋南北 作
河竹 繁俊 校訂
岩波文庫

文責：現代書館編集部＋きりえや

12

『鬼平犯科帳』

池波正太郎

池波正太郎の時代小説。江戸中期に実在した人物を主人公にした捕物帳で、何度も繰り返し映像化された人気作品。1967年から「オール讀物」に連載、単行本20巻（文庫24※巻）が刊行されたが著者の死去により未完。火付盗賊改方長官、長谷川平蔵は若かりし頃「本所の銕」と呼ばれた無頼の徒であった。「鬼の平蔵」のあだ名通り、非道を犯す悪党には容赦のない彼であったが、やまぬ事情を抱えた者にはときに情けをかけることも。その懐深さが配下、密偵たちの心をとらえ、組織を対凶悪犯専門集団としてより強固なものにしていた。止むことのない犯罪が今日も江戸の街で勃発する。

※ほか番外編1巻（『乳房』）がある。

『鬼平犯科帳 決定版〈1〉』
（全24巻）
文春文庫

13

『真田太平記』

池波正太郎

武田傘下の一豪族から小大名となり、知略と武勇で戦国乱世の荒波を泳ぎ切った真田一族の興亡を、忍びの者たちの活躍とともに描く大河小説。著者池波が度々手掛けてきた「真田もの」の集大成として1974年～82年「週刊朝日」に連載。武田家滅亡、信長憤死、時勢に煽られ揺れ動く信州の中、小国の主真田昌幸と長男信幸（信之）、次男信繁（幸村）兄弟は、真田忍びを縦横に使い、生き残りをかけた戦に明け暮れる。秀吉死去後の関ヶ原。信幸は徳川方に付き、敗者となった昌幸、幸村は紀州の九度山へ。大坂冬の陣。九度山を脱出し豊臣方に参戦した幸村は出城・真田丸を築く。

『真田太平記〈1〉天魔の夏』
（全12巻）
新潮文庫

14

『竜馬がゆく』

司馬遼太郎

裕福な土佐郷士の次男坊、泣き虫で寝小便たれだった坂本竜馬は剣術修行のため江戸に留学、様々な出会いを経験する。帰国後は土佐勤王党に属するもやがて脱藩。再びの江戸にて勝海舟と出会い視野を広げた彼は、神戸海軍操練所を経て海運・貿易結社海援隊を組織、独自の立場から「日本の洗濯」を試みる。異能の快男児、竜馬の生き様を通じて、幕末から明治維新へと向かう日本の青春期の姿を描き、大きな反響を呼んだ大河小説。この一作で「坂本龍馬」の公的イメージは決定づけられ、今も日本中がその影響下にある。1962年～66年「産経新聞夕刊」に連載。

学生の頃切ったもの

原作本紹介

文責：現代書館編集部＋きりえや

きりえ「望郷」部分

『坂の上の雲』

司馬遼太郎

中国大陸でロシアのコサック騎兵と死闘を繰り広げた「日本騎兵の父」秋山好古。連合艦隊の作戦参謀となり、日本海海戦でバルチック艦隊を撃破した秋山真之。近代俳句・短歌の祖で、35歳にして世を去った真之の親友正岡子規。伊予松山出身の三人を主人公に、明治維新から日露戦争までの日本の姿を描いた歴史小説。前半は陸軍と海軍に分かれて士官学校に入学した秋山兄弟と、結核に侵されながら筆を執り続けた子規、それぞれの青春を描いた群像劇。子規没後始まる後半は秋山兄弟が戦局に深く関わった日露戦争の姿を克明に描く戦記物となる。1968〜72年「産経新聞夕刊」に連載。

「僕の叔父さん」シリーズ

『叔父記』関連作品

これまで「親戚内の困ったひと」扱いしかされてこなかった叔父に初めて正面から光を当てブームに。全30作品。

『王子と叔父貴』(文 p.142)

『やもめのジョナさん』(文 p.144)

『星の叔父さま』(文 p.146)

『夜間尾行』(文 p.148)

『幸福の大叔父』(未掲載)

『やもめ食堂』(映 p.166)

文→『きりえや偽本大全』
映→『きりえや偽本シネマ大全』

挿絵ギャラリー 1

『ヴィヨンのくま』抜粋

食べ終えた途端、何も言わずにそそくさと、まるで逃げるように店を出たお客にお勘定をお願いしようと無我夢中でつかまったものですから、のびやすい身体は更にのび、店においてきた足先が遠くの机に隠れ見えぬほどでした。

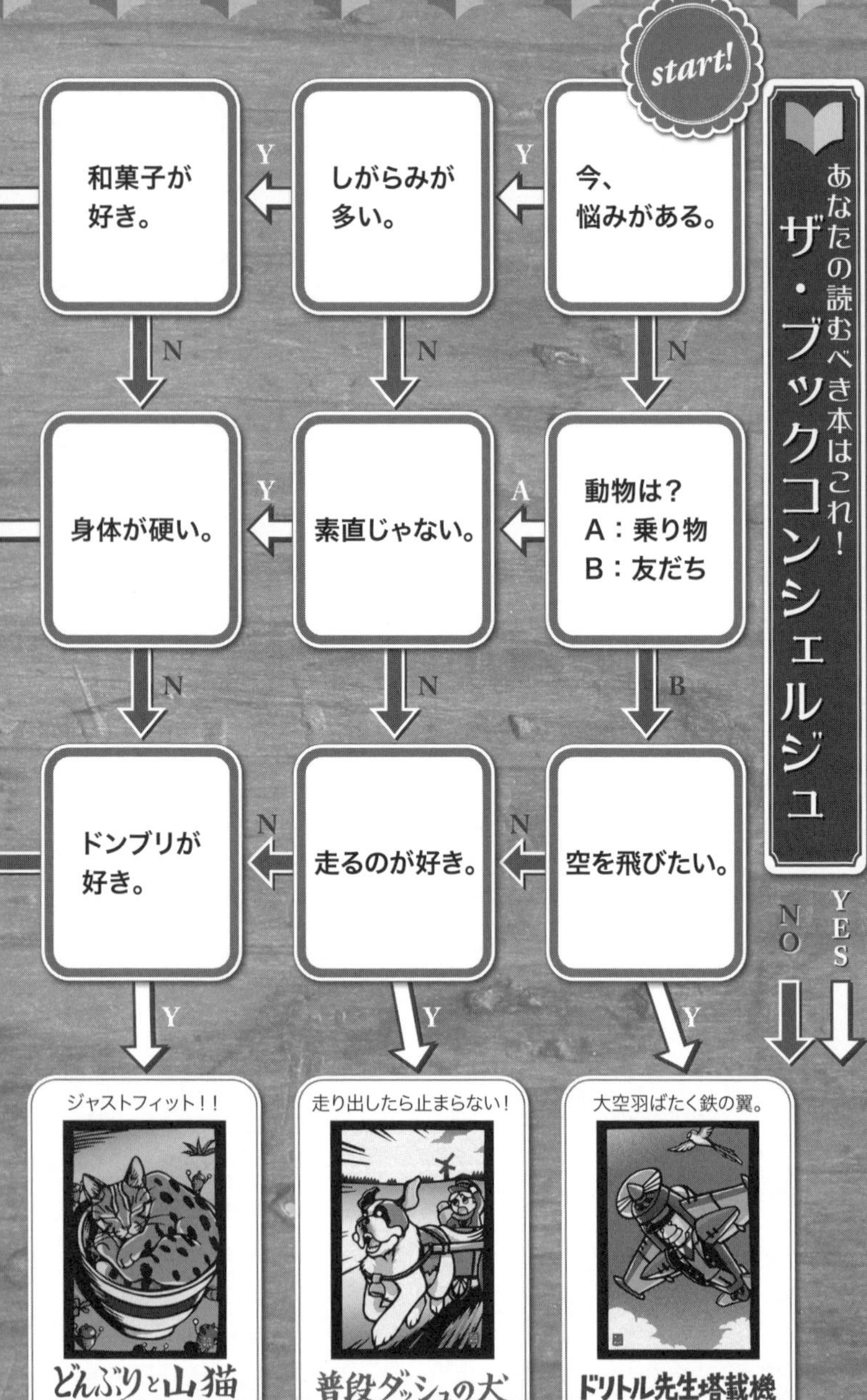
start!
あなたの読むべき本はこれ！
ザ・ブックコンシェルジュ
YES
NO
今、
悩みがある。
Y
しがらみが
多い。
Y
和菓子が
好き。
N
N
N
動物は？
A：乗り物
B：友だち
A
素直じゃない。
Y
身体が硬い。
B
N
N
空を飛びたい。
N
走るのが好き。
N
ドンブリが
好き。
Y
Y
Y
ジャストフィット！！
どんぶりと山猫
▷p.166
走り出したら止まらない！
普段ダッシュの犬
▷p.214
大空羽ばたく鉄の翼。
ドリトル先生搭載機
▷p.218

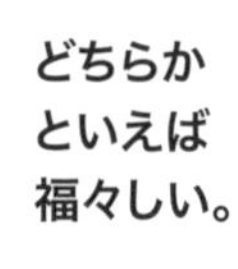

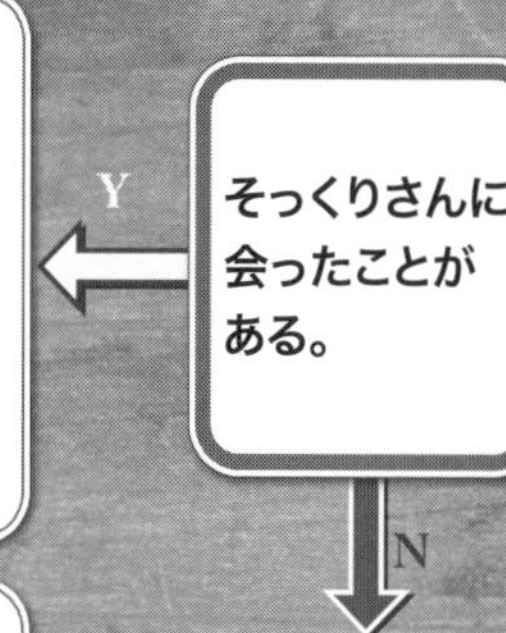

Y
わしがわしであるために……

信玄の証明 ▷p.68

ほにゅうるいだ。

Y

塩をあげたことがある。

Y

心配なんかしてないし！

信玄ぎらい ▷p.108

N

冬はねむい。

N

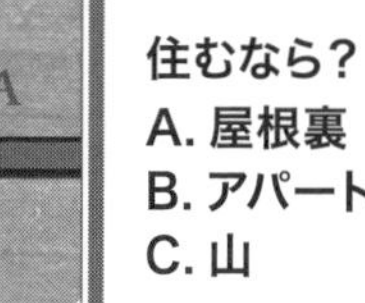

A

友だちはビクーニャ。

屋根裏のサンポーニャ ▷p.62

B

カモナマイホーム。

カーサ地蔵 ▷p.148

C

住めば都。

姥ステイ山 ▷p.154

Y

そうだったのっ！？

サンショウだYOU！ ▷p.10

※チャート作成　現代書館編集部＋きりえや

『四谷ガイダンス』編

→p.36

書店員さんによる
偽本POPコーナー①

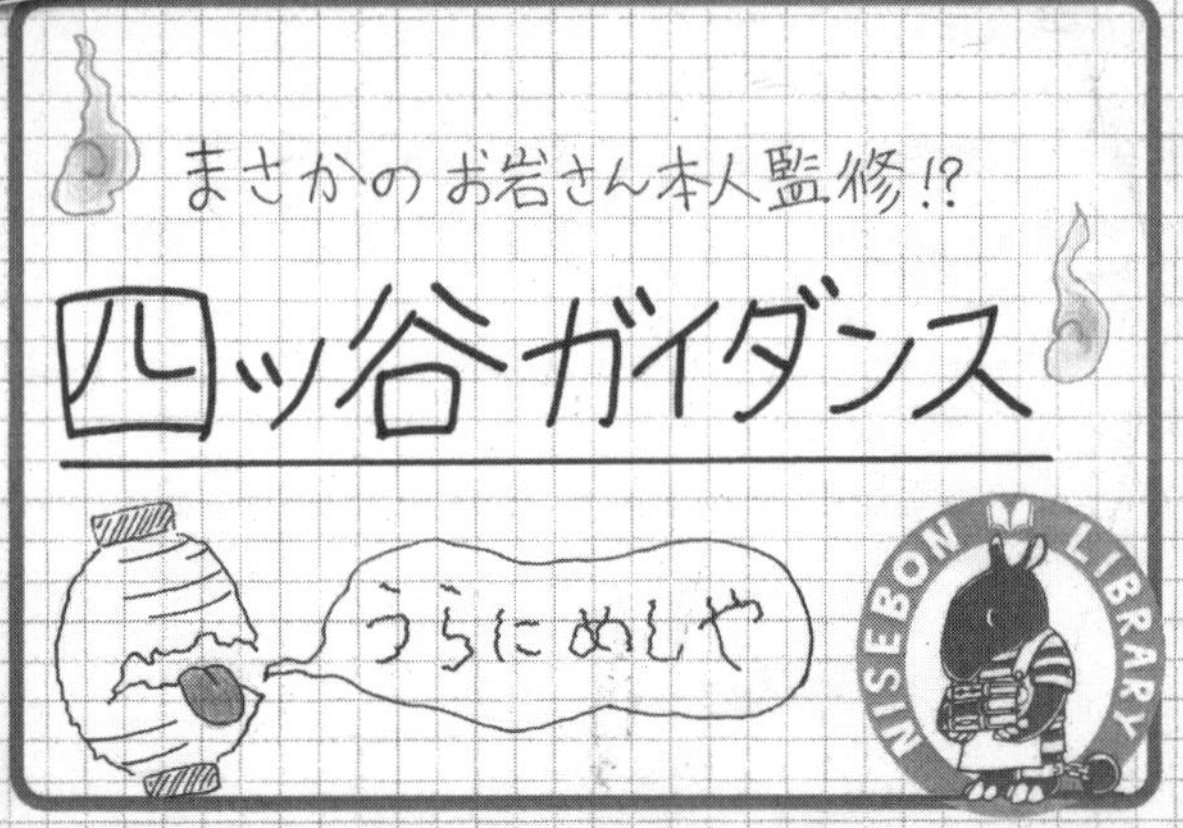

ジュンク堂書店池袋本店 大嶋さま

芳林堂書店高田馬場店 江連さま

003

ジャンル別特集(1)

怪奇・幻想/ミステリーの棚

# 「光る魔球」	# 友だちはビクーニャ
# だってかわいいんだもん	# あたし、わさび様のひげを!
# もう帰ろうよホームズ……	# 犯人だよね?
# 泣いた信玄	# ワシ、本物だってば

16 黄金球

おうごんきゅう

The Golden Ball

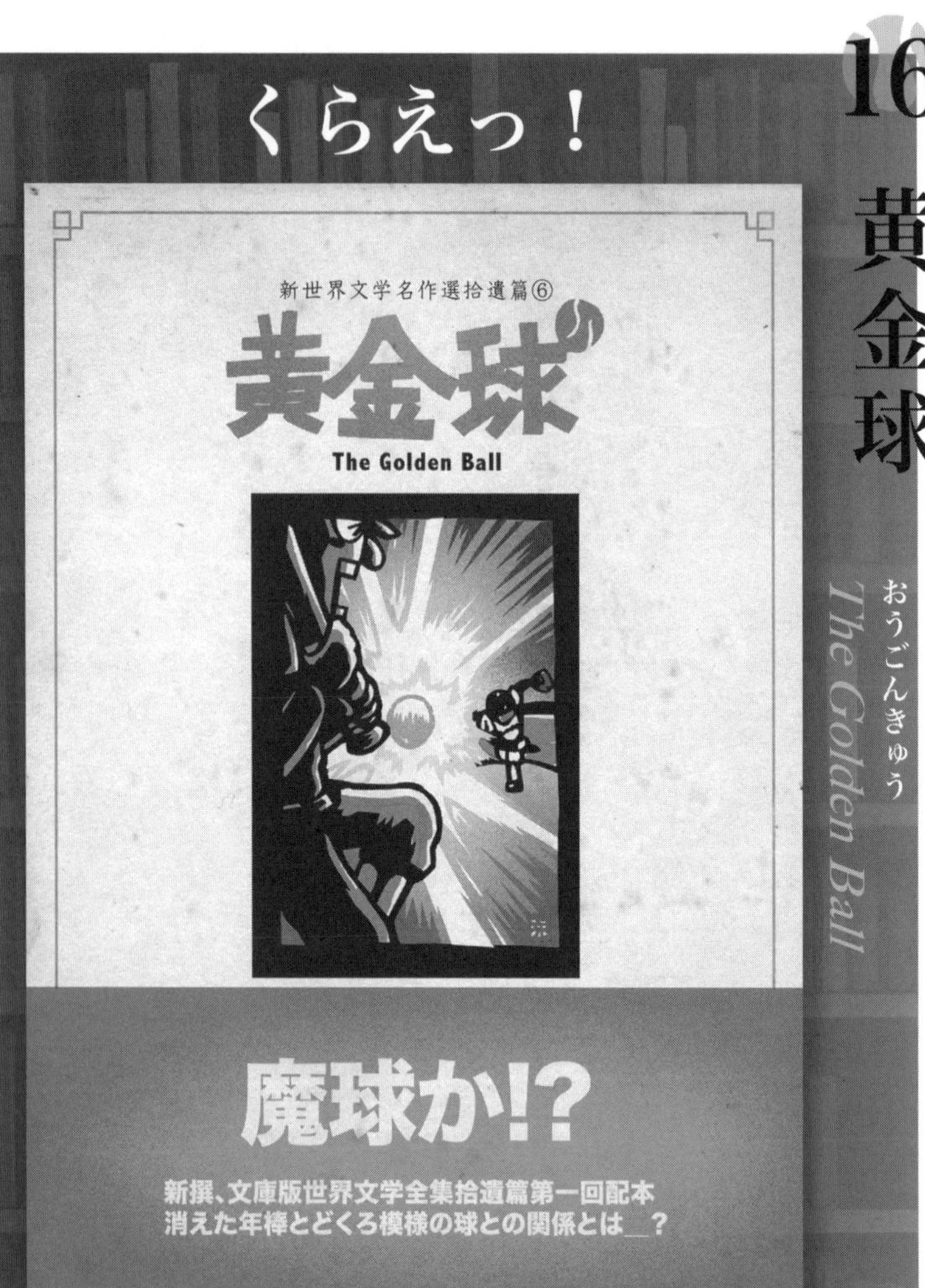

くらえっ！
新世界文学名作選拾遺篇⑥
黄金球
The Golden Ball
魔球か!?
新撰、文庫版世界文学全集拾遺篇第一回配本
消えた年俸とどくろ模様の球との関係とは__？

【魔球に付された科学的根拠】

呪われた球には、周辺100m圏内にいる人間の瞳孔を開かせる力があった。球にまぶした大量の滑り止めパウダーと、地面すれすれの球道が巻き起こす土煙との相乗効果によって生まれる白球の乱反射。それを瞳孔の開いた目が捉えたとき、球はまばゆく光り輝く。これが「光る魔球」の正体である。快進撃を続ける貫一。しかしついに魔球の秘密が暴かれる。バケツの水を頭からかぶったライバル・サイモンは、ホームベース前の地面で寝転び転げ回り審判とキャッチャーをどん引きさせたあと、青ざめた顔でマウンドに立つ貫一にこう叫んだ。「『光る魔球』は水に弱かとですたい！！」

【あらすじ】

大リーガー、貫一・ルグランは草原で発見したドクロ模様のボールをいじるうち偶然光る魔球の投法を会得する。サングラス越しでも正視できない魔球で破竹の連勝街道を走る貫一。しかしその球は巨額の年俸を受け取ったその日に失踪した伝説の投手、キャプテン・キッドが常に手放さなかったという呪われたボールだった――。

魔球の起こるシステムと攻略法にはじめて科学的な理由をつけ、その後の野球小説に多大なる影響を与えた傑作。

書影　裏

『金色打者』

『黄金球』未完の続編。肩を壊し指名打者に転向した貫一は婚約者お宮が自分を裏切り資産家との結婚を決めたことに激昂。魔球の応用で自らを黄金打者に変化させ、巨額の年俸を手にすることでお宮への復讐を誓うが……。

(『きりえや偽本大全』p.186 掲載)

17 モロー博士のシバ

Dr.Morrow's Shiba Inu

もろーはかせのしば

だってかわいいし。

続・世界文学名作選㉖

モロー博士のシバ

Dr. Morrow's Shiba Inu

溺愛。

新撰、文庫版世界文学全集続編第12回配本
どれだけ理屈をこねようと、可愛いものが勝ちなのか？

柴ホホの八畳敷

犬族の中でも特に頬の皮が自在に伸びることで知られる柴犬。この柔らかさは争いの際に致命傷を避けるためだといわれ、毛皮の下の細胞は丈夫で伸縮性のある、ゴムによく似た性質のものへと進化している。口角に見られるゴムパッキン状の部分は、この細胞が一部露出したものである。江戸時代「柴頬の八畳敷」といえば、よく伸びるもののたとえとして親しまれ、浮世絵の題材としても「集団雨宿りの傘代わり」「花見の敷物」はては「無限に伸びる頬を使った一芸大会」に至るまで、実際よりも遥かに誇張して描かれた滑稽な作品が数多く制作された。

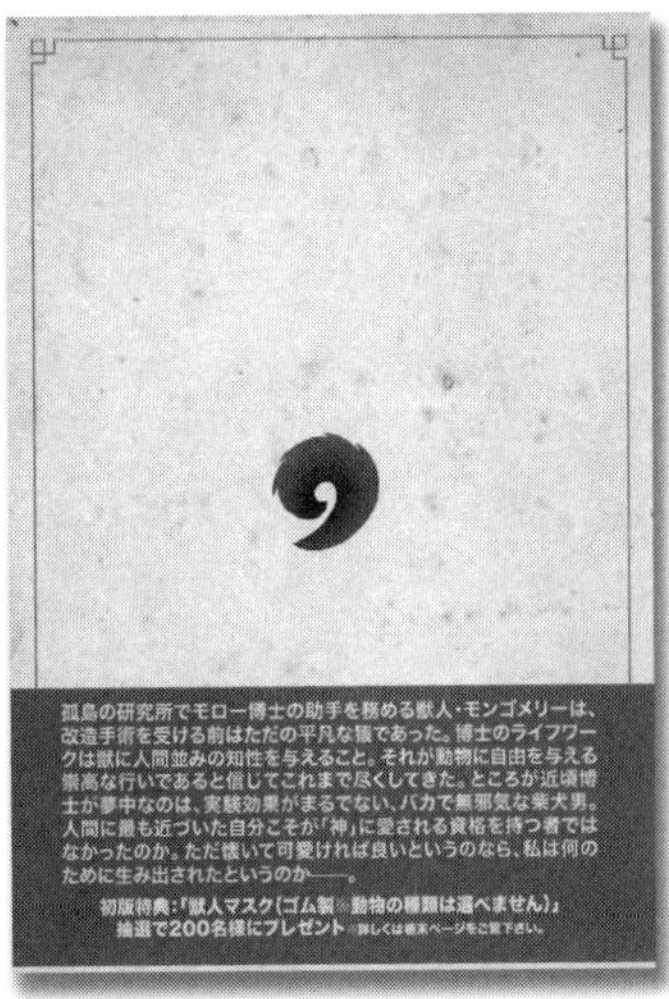

書影　裏

【あらすじ】

孤島の研究所でモロー博士の助手を務める獣人・モンゴメリーは、改造手術を受ける前はただの平凡な猿であった。博士のライフワークは獣に人間並みの知性を与えること。それが動物に自由を与える崇高な行いであると信じてこれまで尽くしてきた。ところが近頃博士が夢中なのは、実験効果がまるでない、バカで無邪気な柴犬男。人間に最も近づいた自分こそが「神」に愛される資格を持つ者ではなかったのか。ただ懐いて可愛ければ良いというのなら、私はなんのために生み出されたというのか――。

独立（ネタバレ）

不満が頂点に達したモンゴメリーは、ラボの宴会上でモロー博士と口論。その際放たれた博士の「だってかわいいんだもん」の一言に絶望し、ついに独立を決意する。彼が率いる知能の高い獣人たちは島の北部へと渡り、残された博士はそれ以外の柴犬、ポメラニアン、うさぎ、ハムスターたちに囲まれて暮らすこととなった。博士が欲していたものは、理想の実現や名声などではなく、結局はただ「あなたはあなたでいい」と、無条件に自己を肯定してくれる相手だったのかもしれない。モンゴメリーは今、高次な知能特有の感情である「親離れの切なさ」を味わっていた。

18 バスかビル系の犬

The Hound like a bus or higher building

ばすかびるけいのいぬ

もう帰ろうよホームズ……。

統・世界文学名作選㉗

バスかビル系の犬

Hounds like a bus or higher building

四角いのはわかった。

新撰、文庫版世界文学全集続編第10回配本
謎の魔犬に挑むホームズと巻き込まれるワトソン。

魔犬の正体(ネタバレ)

魔犬の正体は巨大な一匹の怪物ではなく、サーカスで飼われていた大型犬1に小型犬3、計4匹の犬たちであった。巡業中のサーカス列車から転落し、郊外にあったミラー工場跡に潜んでいた4匹を真犯人が発見、利用したのである。目撃者が一様に口にした「光る四角い窓」は、膠で貼られた鏡の破片が外光に反射したものであり、また「バス」と形容した被害者が見たものは大型犬一匹の姿、「ビル」と唱えていた者が見たのは、大型犬の背の上に残り全員が乗り重なる曲芸時の姿であった。そして最後に残る重大な秘密は、ずっと帰りたがっていたワトソンが見破ることとなる。〈つづく〉

【あらすじ】

ダートムア地方に魔犬現る。「バスのようだった」「いや小高いビルヂングのようだ」感じた恐怖感によるものか、ずいぶんとサイズは異なるものの、襲われた者の供述に共通しているのは、体中に「光る四角い窓」がある特徴。大いに興味をそそられたホームズだったが、「調べることがある」からと、嫌がるワトソンだけを先に現地に派遣する。

沼地に潜む脱獄囚、委細ありげな植物学者とその美貌の妻。役者が出揃った頃、意外な姿でホームズは登場、事件は一気に解決へと動き出す。大きさを自在に変える「バスかビル系の犬」の正体とは果たして――。

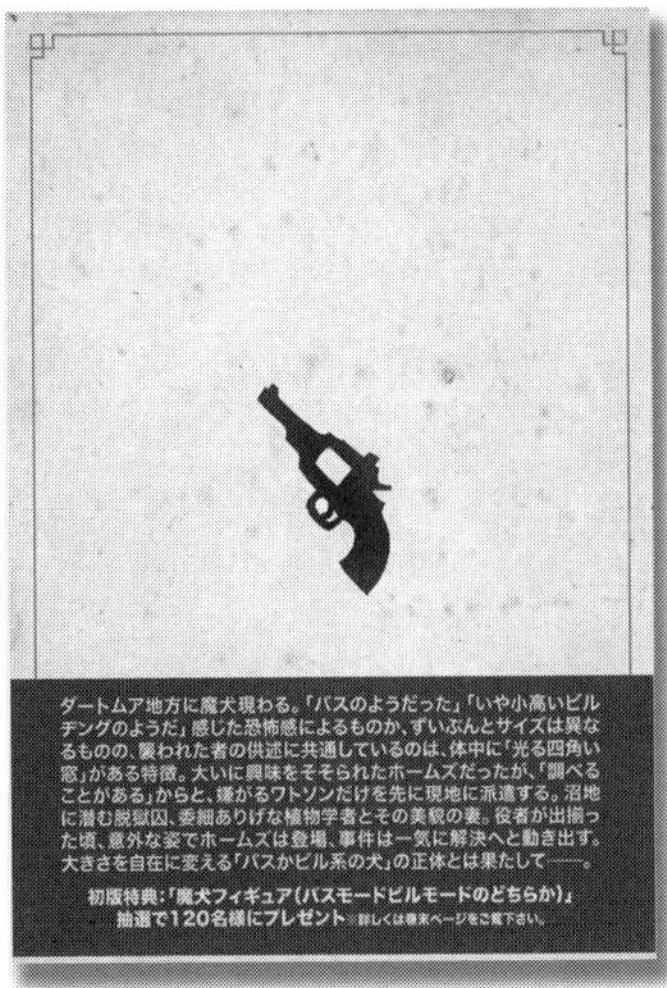
ダートムア地方に魔犬現わる。「バスのようだった」「いや小高いビルヂングのようだ」感じた恐怖感によるものか、ずいぶんとサイズは異なるものの、襲われた者の供述に共通しているのは、体中に「光る四角い窓」がある特徴。大いに興味をそそられたホームズだったが、「調べることがある」からと、嫌がるワトソンだけを先に現地に派遣する。沼地に潜む脱獄囚、委細ありげな植物学者とその美貌の妻。役者が出揃った頃、意外な姿でホームズは登場、事件は一気に解決へと動き出す。大きさを自在に変える「バスかビル系の犬」の正体とは果たして――。
初版特典：「魔犬フィギュア（バスモードビルモードのどちらか）」
抽選で120名様にプレゼント

書影　裏

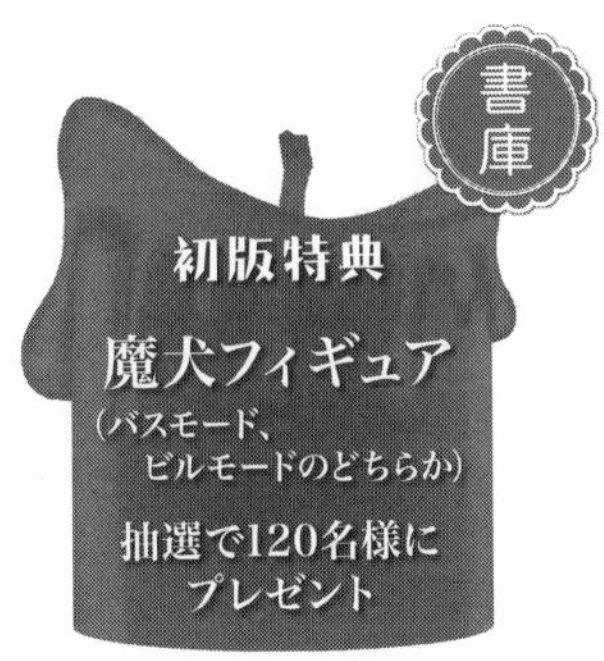
書庫
初版特典
魔犬フィギュア
（バスモード、
ビルモードのどちらか）
抽選で120名様に
プレゼント

ワトソニアン※心の一冊（ネタバレ）

「撃つな！ホームズ」。吠えながら一直線に走りくる「怪物」に向かい両手を広げたワトソン。そのままの勢いで倒された彼は、4匹の犬に顔中を舐めまくられていた……。犬たちが人を襲ったのは凶暴だからではなく嬉しかったから。ビルになるのも威嚇ではなく、芸を見せて褒めてほしかったから。彼らは、異形の姿に仕立て上げられることで、その人懐っこさを逆に利用されていたのである。「犬はねホームズ、人の心をそのまま映すんだ。怖がる人には恐ろしく見えたってことさ」「一番怖がってたのは君じゃないか」喉まで出かけた言葉を飲み込み、パイプを咥えたホームズであった。

※ワトソニアン…「いい人」ワトソンをこよなく愛するファン（『きりえや偽本大全』p.39脚注より）

19 信玄椅子

しんげんいす

Shingen Chair

くらいせまいこわい。

続・世界文学名作選㉘

信玄椅子

Singen Chair

なんだか温かい……

新撰、文庫版世界文学全集続編第八回配本
忍び込んだ椅子と次第に同化してゆくお館様の恐怖。

椅子のあれこれ

空気椅子…心のきれいな人にだけ見える。**パイプ椅子**…殴ることに特化した椅子で座るには不向き。専門の職人が手掛け、ダメージを与え、かつ怪我をさせない椅子が作れるようになるには最低10年の修業が必要。**座椅子**…もとはただの「椅子」だったものを、西洋椅子と区別するためこう呼ぶように。一説によればジョン万次郎がペリーに「座敷で暮らす我々にとってはこれこそが椅子(The ISU)なのだ」と力説したことが由来とされる。**籐椅子**…主に東南アジアから輸入されるエキゾチックな風合いの椅子。何故か日本では全裸で座ることが作法だと信じられている。(参照⇒p.128)

【あらすじ】

陣中にて腰掛けた床几を割り尻餅をついてしまった信玄。代わりにと腹心山本勘助が用意した丈夫な巨大床几を眺め、ふと閃いた。「これに人は入れるか？」「影武者、にございますな」「さすが勘助察しが良い」。改造を加えた床几の居心地を試そうと、皆に内緒で中に忍び込んだ信玄。「お館さまのおらぬ場」で交わされる配下の話。膝に乗る自分（影武者）の尻の、重さ熱さ気持ちの悪さ。どれも椅子にならねば味わえぬもの。大いに楽しんだ信玄、もうよかろうと外に出ようとしたところ、内から開けられぬ構造であることに気づき……。

陣中にて腰掛けた床几を割り尻餅をついてしまった信玄。代りにと腹心山本勘助が用意した丈夫な巨大床几を眺めふと閃いた。「これに人は入れるか？」「影武者、にございますな」「さすが勘助察しが良い」。改造を加えた床几の居心地を試そうと、皆に内緒で中に忍び込んだ信玄。「お館さまのおらぬ場」で交わされる配下の話。膝に乗る自分(影武者)の尻の、重さ暑さ気持ちの悪さ。どれも椅子にならねば味わえぬもの。大いに楽しんだ信玄、もうよかろうと外に出ようとしたところ、内から開けられぬ構造であることに気づき……。
初版特典：「ミニチュア信玄椅子(全長15cm、お館さまフィギュアつき)」
抽選で13名様にプレゼント ※詳しくは巻末ページをご覧下さい。

書影　裏

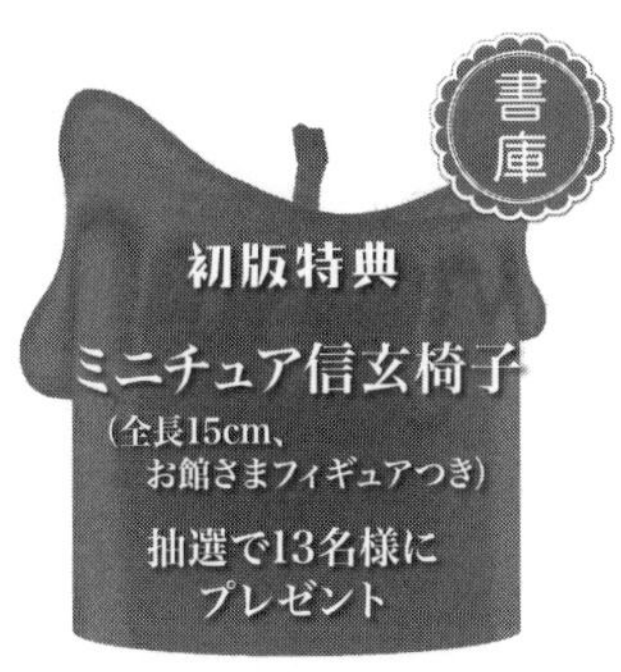
書庫
初版特典
ミニチュア信玄椅子
（全長15cm、
お館さまフィギュアつき）
抽選で13名様に
プレゼント

生首だ!

泣いた信玄(ネタバレ)

お館様が神隠しに遭おうと隣国は待ってくれない。影武者を立て軍議を開く武田衆。その最中軍師山本勘助は、ただの据え物であるはずの影武者が発する言葉に目を見開く。断じて影武者風情が思いつく策ではない。よもやと思い脇差を、抜くが早いか椅子に一太刀。中から顔を現したのは幾分痩せた信玄その人であった。自らは動かず一所から指示を与える、いわゆる「椅子の人」に完全になりきっていたのだ。「勘助～！！」我に返り号泣する信玄。「出口、忘れたかもの」勘助ひとり呟いた。

20 屋根裏のサンポーニャ

Sampoña in the Attic

やねうらのさんぽーにゃ

♪〜〜〜〜〜〜〜〜〜〜。

統・世界文学名作選㉙

屋根裏のサンポーニャ

Sampoña in the Attic

響くわっ！

新撰、文庫版世界文学全集続編第9回配本
天井裏に住み着いた、笛で会話をする男。

サンポーニャ（本当）

ペルー、ボリビアなどアンデス地方のパンパイプ（ギリシア神話の牧神パンの笛）。カーニャという葦を節から切り、長さの異なる管を音階順に2列に並べて作られるもので、その歴史はインカ以前まで遡る。一方をド・ミ・ソ、もう一方をレ・ファ・ラと音階を分け、二人１組で一つの曲を奏でるスタイルは、アンデス音楽独特のもの。他にも様々な奏法がある。標準的なサイズのもので殆どの曲は演奏可能であるが、高音用や中低音用、低音用など様々なサイズのものが存在する。
（参照：平凡社『百科事典マイペディア』、「アンデスの家ボリビア」HP https://andes-bolivia.jp/）

【あらすじ】

アパートの天井裏に侵入し、他人の生活を覗き見るのが趣味の高等遊民郷田三郎は、ある日暗がりの中に佇む先客を見つけ肝をつぶす。見知らぬ獣を連れた、外国人とみられるその男に「同じ趣味を持つ同士なのか」と恐る恐る尋ねれば、答える代わりに手にした笛を一吹き。「完全に『Ｎｏ』だね。その音色は」と言いながら図々しく乗り込んできたのは、知り合いの素人探偵明智小五郎。「彼が手にしているのは南米の笛サンポーニャ。僕には多少心得がある。ここは任せてくれたまえ」言うが早いか懐から尺八を取り出して……。

アパートの天井裏に侵入し、他人の生活を覗き見るのが趣味の高等遊民郷田三郎は、ある日暗がりの中に佇む先客を見つけ肝をつぶす。見知らぬ獣を連れた、外国人とみられるその男に「同じ趣味をもつ同士なのか」と恐る恐る尋ねれば、答える代わりに手にした笛を一吹き。「完全に『No』だね。その音色は」と言いながら図々しく乗り込んできたのは、知り合いの素人探偵明智小五郎。「彼が手にしているのは南米の笛サンポーニャ。僕には多少心得が有る。ここは任せてくれたまえ」言うが早いか懐から尺八を取り出して……。
初版特典：「疑似サンポーニャ(10連尺八)」
抽選で30名様にプレゼント※詳しくは巻末ページをご覧下さい。

書影　裏

書庫
初版特典
疑似サンポーニャ
(10連尺八)
抽選で30名様に
プレゼント

「屋根裏のサンポーニャ」(アニメ映画化作品『屋根裏のサンポーニャ』主題歌)	
だれかが ひっそり	屋根裏のサンポーニャ　サンポーニャ
地道にコオロギ勧めて	友だちはビクーニャ
ちっさなアメーバいたら	屋根の裏に いつのまに住んでる
秘密の乱暴	屋根裏のサンポーニャ　サンポーニャ
オリへとエスコート	光るのはビクーニャ
不敵なボーゲン交わる	老若男女にも いつでも訪れる 不思議議だね愛

「ビクーニャ」についてはP.44脚注を参照のこと

21 Wのひげ

The Whisker of W

だぶりゅーのひげ

あたし、わさび様のひげを！

おくちだと思う…

新撰、文庫版世界文学全集続編第13回配本
ひげにまつわる怪事件。自白ドミノの正解は？

ウィスカーパッド（ひげ袋・ふぐふぐ※だいたい本当）

猫の鼻下に生える太く、毛根も深いヒゲエリート・上唇毛（じょうしんもう）24本。それを根本から支える袋状のパーツは「環状洞」と呼ばれ、中は血液で満たされており、ひげの捉えた振動を増幅し周囲の感覚器官に伝達する重要な役目を担っている。猫の鼻下部分、正式名「ウィスカーパッド（Whisker Pad）」のぷっくら具合は、この環状洞の集合がもたらすもので、興奮すると膨張し、猫独特の愛らしい表情を形作る元にもなっている。

【あらすじ】

和辻家屋敷にメイドの悲鳴が鳴り響く。当主お気に入りの猫・わさびのひげがなくなった。ひげはいつかは抜けるものだが、僅かの間に5、6本まとめて消える訳がない。猫のひげは財布に入れると金運が増すという。事件性を疑う捜査班の前にやがて猫毛にまみれた姿で当主の孫・魔子が現れる。「あたし、わさび様のひげを抜いてしまった……！」。そして始まる自白ドミノ。いったい誰が、誰をかばおうとしているのか。ドミノの終点に立つ者とは果たして——？

和辻家屋敷にメイドの悲鳴が鳴り響く——。当主お気に入りの猫・わさびのひげがなくなった。ひげはいつかは抜けるものだが、僅かの間に5、6本まとめて消える訳がない。猫のひげは財布に入れると金運が増すという。事件性を疑う捜査班の前にやがて猫毛にまみれた姿で当主の孫・魔子が現れる。「あたし、わさび様のひげを抜いてしまった……！」。そして始まる自白ドミノ。一体誰が、誰をかばおうとしているのか。ドミノの終点に立つ者とははたして——？
初版特典：「金運アップ猫のひげ（自然落下保証書付き）」
抽選で23名様にプレゼント※詳しくは巻末ページをご覧下さい。

書影　裏

書庫
初版特典
金運アップ猫のひげ
（自然落下保証書付き）
抽選で23名様に
プレゼント

別物となった映画化作品

80年代の映画化作品は、原作とのかけ離れ具合も話題となった。企画開発段階で「撮影用に猫のひげを取れば動物虐待になる」「主役のアイドル女優が猫アレルギー」という二つの問題が浮上。結果、原作内容は映画内の劇中劇に（猫は小道具）、ジャンルもミステリーから舞台女優の卵が夢を掴むまでを描く青春物語へと大きく変更される。「もうこの原作じゃなくても……」と思われるかもしれないが、そうはいかない。映画製作は気鋭の出版社。合わせて本も売りたかったのだ。映画が娯楽の頂点として君臨し、「原作レイプ」などという言葉すらまだ存在しなかった頃の話である。

22 Yのひげ

わいのひげ

The Whisker of Y

だれだっ！ 犯人は

統・世界文学名作選㉛

Yのひげ

Y's Whiskers

おはなだと思う。

新撰、文庫版世界文学全集続編第19回配本。
ハッター家をかき回す謎の侵入者とははたして。

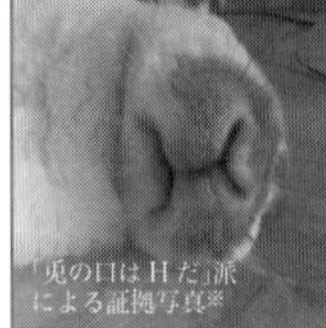

「兎の口はHだ」派による証拠写真※

ヘアリップ（うさぎの唇※ほぼほぼ本当）

うさぎの口元はHarelip（ヘアリップ）と呼ばれ、その最大の特徴は上唇が縦に割れる点にある。これにより長い草、硬い根などを食す際には前歯が露出し、唇の干渉なく噛み切ることができる。また口に入れた食べ物を奥歯である臼歯ですりつぶすには、上唇が分かれていたほうが楽に左右に動かせるという利点もある。つまりうさぎのあの特徴あるお口はただかわいいだけではなく、進化の過程で獲得した非常に機能的な形であったのだ。

（参照：「うさぎのしっぽ公式ブログ」http://www.hibishippo.jp/）※撮影：著者

【あらすじ】

ニューヨークに屋敷を構える大富豪ヨーク・ハッターは「Yのひげ」という謎の殴り書きを残して失踪する。それ以来屋敷では不気味な現象が多発。因業な妻エミリーのドレスはボロボロに、夕食用のエッグノック（卵酒）のカップは倒され、応接間のマンドリンも破損。挙げ句に電線のショートからボヤ騒ぎまで起こる始末。何者の仕業か。事件解決のため呼ばれた探偵ドルリー・レーンは、暖炉隅に黒い丸薬状の物体を発見し――。

表紙に真犯人が描かれているにもかかわらず、先が気になりページをめくる手が止まらないと評判を読んだ、傑作豪腕ミステリー。

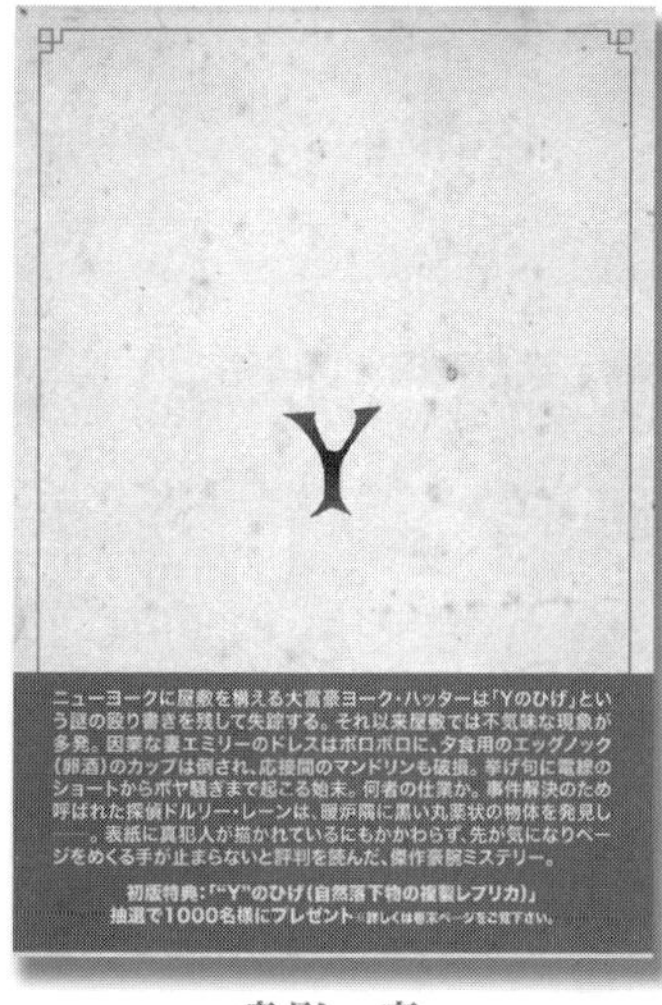

書影　裏

書庫
初版特典
"Y"のひげ
（自然落下物の複製レプリカ）
抽選で1000名様に
プレゼント

結末（ネタバレ）

数々の事件が一羽の雌兎によるものと見抜いたドルリー・レーンは苦悩する。犯人名を明せばきっと彼女の将来は閉ざされてしまうに違いない。そこへ現れるヨーク・ハッター。隠れて飼っていた兎ナナさんのひげを誤って抜いてしまった彼は、噛まれたショックで家出したものの、やはり彼女が心配で帰ってきたのだ。ついに明るみになってしまった真実。怒り狂い、兎の処分を夫ヨークに命令するエミリーであったが、あろうことかこれまで一緒になって彼を軽んじていたはずの娘たちが全員父側につく。それは兎のかわいさが支点となり、家族間のパワーバランスが逆転した瞬間だった。

23 信玄の証明

Proof of the Shingen

しんげんのしょうめい

自称の限界。

名作映画原作集成⑯

信玄の証明

Proof of the Shingen

ワシ、本物だってば。

新撰、文庫版名作映画原作集成第3期第3回配本
影武者と取り違えられた武田信玄。武田家の命運と
自分自身の命を守るため、どう身の証を立てるのか。

わしがわしであるために①（ネタバレ）

自らがお館様その人である証を立てようとあがく信玄。だが彼しか思いつかぬような精妙な策を示せば「いかにもお館様が考えそうな策！ よく学んだものだ」と褒められ、彼しか知らぬ家来の寝小便癖を明かせば「内緒にするって言ったのに！ 影武者に話すなんてお館様の嘘つきっ」と泣かれる始末。やることなすことすべてが裏目に出た信玄は、ついに絶望的な結論にたどり着く。すなわち「結局人は見た目が9割」。そして彼は、影武者と瓜二つであった。〈つづく〉

【あらすじ】

霧の陣中にてお館様刺客の手により暗殺さる！　衝撃的な知らせが武田二十四将のもとに届く。実際に死んだのは影武者のほうだったのだが、あまりそっくりだったため誰もその死を疑わない。生き残った真の信玄は、影武者を推挙した勘助ならばわかろうと「儂こそ信玄じゃ」と耳打ちするも、半笑いで肩を叩かれる始末。このままだとできの悪い息子にむりやり家督を譲らされた挙げ句早々に始末されてしまう。信玄は必死に考えた「儂が儂である証、果たしてそれはなんぞや」と――。

書影　裏

わしがわしであるために②（ネタバレ）

意外とできが良かった嫡男勝頼に家督を譲ることが決まり、お役目御免と切られることとなった信玄。白刃が首に迫りもはやこれまでと思ったそのとき、「お待ちくだされ！ そちらが本物にございまする」耳に響くは聞き慣れた、自分によく似た男の声。切られたはずの影武者がお館様を救おうと幽霊となって現れたのだ。なんたる人望。「おぬしには二度までも命を救われた。礼を申すぞ。何か望むものはないか」「はっ。お許し願えればこれからも私めに影武者を」「うむ。それでは頼む。此度のことでわしは思い知った。わしらは二人で一人の武田信玄なのじゃ……」

原作本紹介

『黄金虫』
エドガー・アラン・ポー

暗号を利用した推理小説の草分け的作品とされる冒険小説。友人のウィリアム・ルグランのもとを訪ねた「私」は、彼から新種の黄金虫を見つけたと聞かされる。あいにく虫は人に貸してしまったためルグランは虫を包んでいた紙にスケッチしたが、私にはそれが髑髏のように見えた。それから約一か月後、彼の下男のジュピターから家に来てほしいという手紙を受け取った私は、不安を感じながらルグランのもとへ向かう。彼はスケッチを使った紙に海賊キッドの宝の隠し場所を示した暗号が書かれていたのだと明かし、二人は宝探しに乗り出すが……。1845年刊。

『モルグ街の殺人・黄金虫
ポー短編集〈II〉ミステリ編』
巽 孝之 訳
新潮文庫

『モロー博士の島』
H・G・ウェルズ

海で遭難したエドワード・プレンディックは、動物を多数積んだ貨物船に拾われとある島へとたどり着く。島の支配者は生物学者と名乗る白髪の男。生物学の心得のあったプレンディックはその男の正体が残忍な生物解剖で学会を追われたモロー博士であることに気づく。博士の手により夜毎繰り返される謎の実験。解剖で苦しむピューマの悲鳴に耐え切れず一人森に入っていったプレンディックは、そこで二足歩行する動物のような特徴を備え、人間を模範とした「掟」に従い生活している動物人間たちと出会う。現代の遺伝子改造をいち早く予見したSF小説。1896年刊。

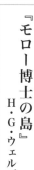

雨沢 泰 訳
偕成社文庫

『バスカヴィル家の犬』
コナン・ドイル

シャーロック・ホームズシリーズの長篇四作の中で最も評価が高いとされる作品。ダートムアにあるバスカヴィル家の当主、チャールズ・バスカヴィルの死体が屋敷の敷地内で発見された。病死とされたものの現場には巨大な犬の足跡が残されていた。バスカヴィル家には、かつて悪名高い当主が大きな犬に喉笛を噛みちぎられて殺されたという伝説があった。チャールズの友人にして主治医のモーティマー博士は正統な後継者である甥のヘンリーの身を案じホームズに事件の調査を依頼する。ところがヘンリーのもとに、バスカヴィルの屋敷へ赴くことを警告する手紙が届き……。1902年刊。

延原 謙 訳
新潮文庫

文責：現代書館編集部＋きりえや

19

『人間椅子』

江戸川乱歩

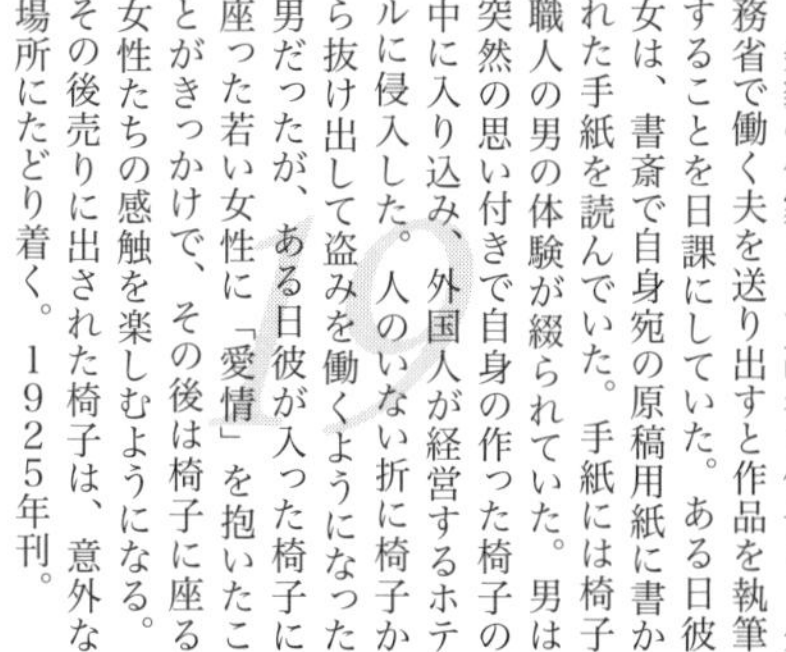

美貌の作家として高名な佳子は、外務省で働く夫を送り出すと作品を執筆することを日課にしていた。ある日彼女は、書斎で自身宛の原稿用紙に書かれた手紙を読んでいた。手紙には椅子職人の男の体験が綴られていた。男は突然の思い付きで自身の作った椅子の中に入り込み、外国人が経営するホテルに侵入した。人のいない折に椅子から抜け出して盗みを働くようになった男だったが、ある日彼が入った椅子に座った若い女性に「愛情」を抱いたことがきっかけで、その後は椅子に座る女性たちの感触を楽しむようになる。その後売りに出された椅子は、意外な場所にたどり着く。１９２５年刊。

江戸川乱歩文庫
春陽堂書店刊

20

『屋根裏の散歩者』

江戸川乱歩

高等遊民の青年、郷田三郎は素人探偵の明智小五郎と知り合い、犯罪に興味を覚える。下宿、東栄館に引っ越した彼は天井板を外して屋根裏に出られることがわかり、ひそかに隙間から他人を観察する散歩を楽しむようになる。ある日歯医者の助手を務めている遠藤という男が大きな口を開けて寝ているのを眺めていた三郎は、天井の節穴から毒薬を垂らして遠藤を殺す計画を思いつく。彼は遠藤の部屋を訪ねて毒薬を盗み出すことに成功するが、遠藤はいつも節穴の下で口を開けて寝ているわけではなかった。三郎は毒薬を持って遠藤の部屋の天井裏をうろつき、好機を窺うが……。１９２６年刊。

江戸川乱歩文庫
春陽堂書店刊

21

『Wの悲劇』

夏樹静子

エラリー・クイーンが別名義で発表した推理小説「悲劇四部作」へのオマージュとして執筆された作品。薬師丸ひろ子主演で映画化され、幾度となくテレビドラマ化もされているが、まったくといっていいほど違う設定になっているものも多い。大学卒業を控えた和辻摩子の家庭教師をしている一条春生は、摩子から卒業論文の仕上げを頼まれて和辻家の別荘を訪れる。摩子の大伯父に当たる和辻与兵衛は、正月に彼の別荘に親戚縁者を集めることを習わしとしていた。お茶の時間に摩子の母が彼女を呼びに行くと、摩子は「あたし、おじいさまを刺し殺してしまった」と泣いていた。１９８２年刊。

KADOKAWA／
角川文庫
※現在はカバーデザインが異なります。

文責：現代書館編集部＋きりえや

22

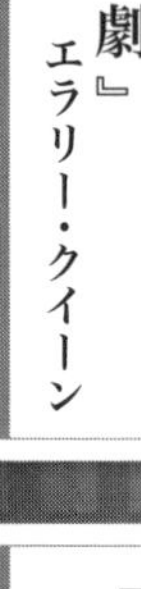

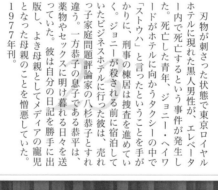

『Yの悲劇』

エラリー・クイーン

元俳優、ドルリー・レーンが探偵役を務めるシリーズ「悲劇四部作」の第二部。バーナビー・ロス名義で前作『Xの悲劇』に続いて発表された。行方不明だった富豪、ヨーク・ハッターの水死体がニューヨークの港で発見された。警察は服毒自殺と断定するが、その後ハッター家では奇妙な事件が起こり始める。長女ルイザが飲もうとした卵酒に毒が混入され、それを飲んだ長男の息子ジャッキーが死にかける事態に。さらにヨークの妻で一家の暴君エミリーがある晩マンドリンで殴られて殺される。ドルリー・レーンは事件の解決に乗り出すが……。1932年刊。

鮎川 信夫 訳
創元推理文庫

23

『人間の証明』

森村誠一

刃物が刺さった状態で東京ロイヤルホテルに現れた黒人男性が、エレベータ一内で死亡するという事件が発生した。死亡した青年、ジョニー・ヘイワードがホテルに向かうタクシーの中で「ストウハ」と言ったということを手がかりに、刑事の棟居は捜査を進めていく。ジョニーが殺される前に宿泊していたビジネスホテルに行った彼は、売れっ子家庭問題評論家の八杉恭子とすれ違う。一方恭子の息子である恭平は、薬物やセックスに明け暮れる日々を送っていた。彼は自分の日記を勝手に出版し、よき母親としてメディアの寵児となった母親のことを憎悪していた。1977年刊。

KADOKAWA／
角川文庫

『シャーロックホームズの動転』

常に冷徹なほど冷静沈着、およそ可愛げの欠片もない名探偵ホームズにも、我を忘れて驚き、動揺した瞬間が。

「ボヘミアン十分」、「赤影とっ組み合い」、「花婿『実相寺剣』」、「ボスコム恵子君の反撃」、「俺んちのネタ五つ」、「唇にこじれた男」、「青いルピー」、「マンダラの秘文」、「利子の親指」、「独身の義賊」、「緑柱石の砲丸」、「ふなやしき」の十二篇を収録。

（『きりえや偽本大全』p.38 掲載）

図書館だより 夏

れんさいまんが
マックドラビット
クマじゃねえ

アウトドア特集

夏本番！外に飛び出そう！

プールはいいね！

『かえるのOh! Summer』
おとぎばなしの棚
（→p.196）

海もいいね！

浮きよさらば
A Farewell to Float
いらん!!

『浮きよさらば』
アメリカ文学の棚
（→p.78）

山もいいね！

姥ステイ山
Old women stay in the mountains
住めば都。

『姥ステイ山』
神話・むかしばなしの棚
（→p.154）

島だっていいね！

ロビンソン恐竜記
Adventures of Robinson in the Lost World
生き延びてやる！

『ロビンソン恐竜記』
海外児童文学の棚
（→p.210）

トピックス

①坂上相撲大会開催

神社境内の土俵にて、坂上相撲が今年も行われます。昨年揃って新入幕を果たした秋山兄弟を輩出したことでも知られる伝統行事です。投げ飛ばされ、坂を転がる力士の巨体は相当な迫力。安全のため当日は図書館裏の道路に交通規制が入ります。（→p.44）

②リナルディ水泳教室

ふんどし姿がチャーミングなリナルディ大尉が今年も溺れる子羊たちに熱血指導を行います。あなたも必ず浮きなしで泳げるように。市民プールにて毎週土曜開催。生徒募集中。（→p.78）

③真夏のフィギュアスケート興行

市民センター内特設リンクにてアイスショーが行われます。注目はアイスダンス。引退が噂されたメダリストのサムが新しいパートナーと組んでカムバックを果たします。公開練習にも姿を表さない新パートナーとはいったい誰なのか。ぜひその目でお確かめください。（→p.90）

証明書の取り扱いを開始しました

影武者に間違われお悩みのあなた、ぜひご利用ください。

本人

文化センター（図書館となりビル2階）

ファンアートコーナー

よつや

四谷ガイダンス

作：ねこま堂

司書の激推し

(→p.58)

『バスかビル系の犬』
怪奇・幻想／ミステリーの棚で貸出中

夏といえば、四角いものに入りたい季節。バスもビルも、涼しくていいですよね。そんなタイトルに惹かれるのか、夏休みの読書感想文としても引っ張りだこの一冊。自分が見つけたらどうしよう。自分が魔犬を見つけたらどうするか、「戦う」「入ってみる」「乗ってみる」などと想像が広がるところや、日頃ホームズに比べてやや活躍が地味なワトソンに見せ場が与えられているところなども人気の一因かもしれません。『シャーロック・ホームズの動転』と併せてどうぞ！（つ）

Q&A

Q：ホラー番組を観てしまって、夜トイレに行けません。怖くなくなる本はありますか？

A：『屋根裏のサンポーニャ』を読みましょう。あなたの家の屋根裏にも、南米の笛サンポーニャを吹く謎の男とビクーニャがいるかもしれません。潜んでいるのは幽霊だけではないのです。しかもこのサンポーニャ奏者は親切というウワサ。トイレにもついてきてくれるかも。（つ）

※今のあなたに最適な本を司書がご案内します。お気軽にお声掛けください。館内静粛を保つため、笛の音での会話はご遠慮くださいますようお願いします。

屋根裏のサンポーニャ

響くわっ！

『屋根裏のサンポーニャ』(p.62)
怪奇・幻想／ミステリーの棚で貸出中

図書館からのお知らせ

①四谷ナイトツアー開催。
お岩さん自ら四谷の街をご案内。本人しか知らないレアエピソード満載です。実は気さくなお岩さん、希望者には終了後、写真撮影にも応じてくださるそうです。(→p.36)

②椅子が新しくなりました。
雑誌閲覧スペースの椅子が大きくリッチに生まれ変わりました。魅惑の座り心地をぜひお試しください。(→p.60)

③迷子の柴犬
敷地内に迷い込んだ柴犬を預かっています。頬を伸ばされるとおしりが浮き上がりそうなぐらいしっぽを振ります。お心あたりのある方はカウンターまで。(→p.56)

本日の館長

1日アリを見ていました。時々鼻の穴がふくらむので…何か発見したみたいです。（川）

004

一般書（海外）

アメリカ文学の棚

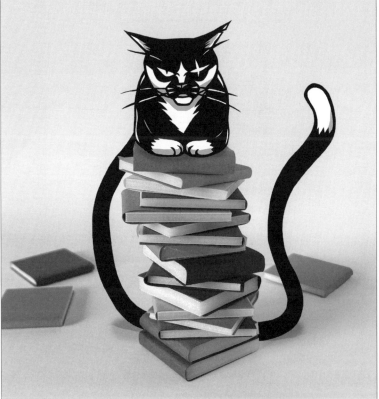

# またおまえかっ	# みんないい子だよお
# 俺たちのリナルディ	# 湯あたり中毒
# 浮ついた志願兵問題	# ナタ最強説
# 長い尻尾が目に入らねえかっ	# くよくよ男文学

24 非はまたのぼる

Once again, Noboru has the source of a problem

ひはまたのぼる

新世界文学名作選㊺

非はまたのぼる

Once again, Noboru has the source of a problem

またおまえかっ

新撰、文庫版世界文学全集第二十四回配本
ロストジェネレーションのやりきれない日常

ついてない少年少女のバイブル

冤罪は誰の身にも起こりうる。本書はついてない少年のぼるを主人公に冤罪の起こるメカニズムを乾いた筆致で描き、発表当時から絶賛を浴びた作品であり、著者の代表作に挙げる者も多い。日常的に起こる小さな事件と自己弁護のために吐かれる子ども特有のあさはかな嘘、著者が舞台にした小学校はまさに冤罪の宝庫であり、たった一度のささいな嘘がきっかけですべての疑いがのぼるに向かう展開には、目を背けたくなるようなリアルな感触がある。それだけに学芸会「闘牛の場」において彼が起こした行動には、誰もが驚き快哉を叫ぶことだろう。

【あらすじ】

ありふれた日常に楔を打とうというのか、それともただただだつきがないというだけなのか。学校で起こる問題の現場に必ず居合わせる少年、のぼる。小さな誤解と冤罪の積み重ねがやがて少年を思いもよらない行動に走らせる——。

すべての子どもの心の中にのぼるを住まわせた傑作児童文学。どんなにしかられたとしても、明日はけろっとやってくる。

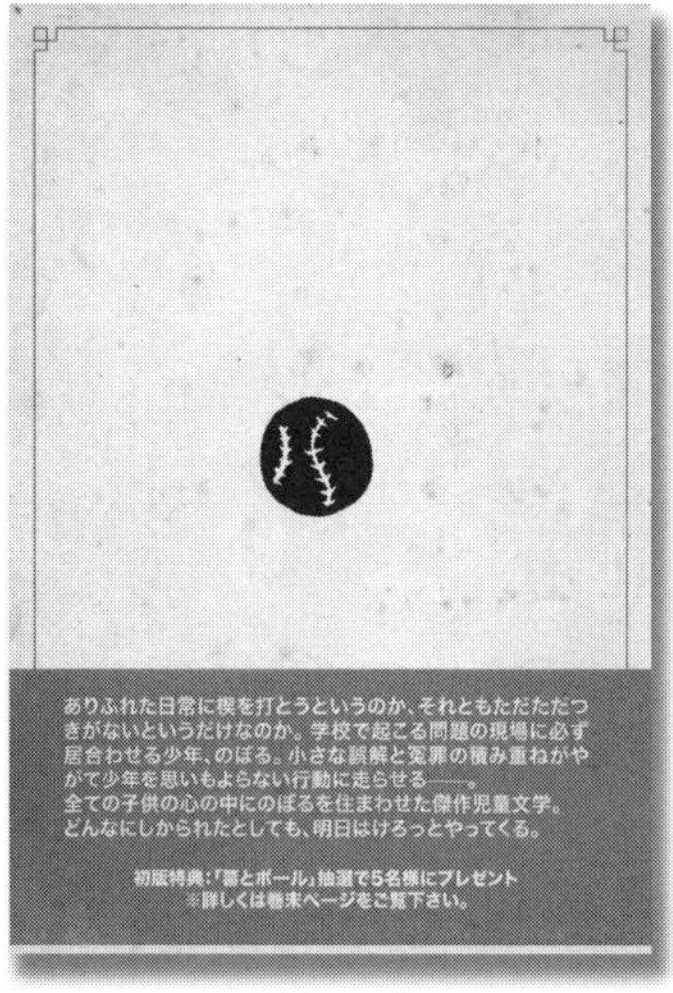

書影　裏

めげない主人公に励まされる一冊

司書のおすすめポイント⑤

「学校で起こる問題の現場に必ず居合わせる少年」。某少年名探偵の話かと思いきや、事態はずっと深刻でした。自分にかけられた疑惑を解くすべを持たない少年の絶望が、これでもかとばかりに読者を揺さぶります。どれだけ冤罪をかけられようとも、学校はサボらないのぼる。律儀ゆえか寝れば嫌なことをケロッと忘れてしまうタイプなのかはわからないけれど、毎日学校にくる勇気がすごい。そんな純朴な彼の姿に、前向きな元気をもらえる一冊です。(つ)

25 浮きよさらば

A Farewell to Float

うきよさらば

戦争しに来たんだろー!!

続・世界文学名作選㉜

浮きよさらば

A Farewell to Float

いらん!!

新撰、文庫版世界文学全集続編第21回配本
メロドラマ展開への移行を力技で阻止する上官。

浮きなしで水に浮く方法（かなり本当）

水に対する人間の体の比重（息を吸った状態）は0.98。つまり全身の2％しか水面上に出すことができない。そのため浮いた状態を長時間保つためにはまず鼻と口を水面上に出すことが先決となる。コツはまず全身の力を抜くこと。そして手足を広げて浮力を確保。さらに頭頂部を下に沈めるぐらいの気持ちで顎を突き出し、口と鼻の位置を高くする。声を出せば肺にある空気が失われることで水との比重バランスが変化してしまうため、ただ黙って自身がクラゲにでもなった心持ちで姿勢を保ち続けることが肝要。またリナルディ大尉によれば、気合も重要とのことである。

【あらすじ】

第一次世界大戦時のイタリアに従軍したアメリカ人フレデリックは、遊びで付き合っていた看護婦キャサリンを、負傷時に優しくしてもらったことがきっかけで本気で愛するようになる。

しかし甘やかな恋の始まりにときめく二人の仲は、無残にもリハビリ担当のリナルディ大尉の手により引き裂かれる。遠くアドリア海まで連れ出されたフレデリック。船上で大尉は告げる。

「お前は戦争しに来たんだろー！　健全な精神は健全な肉体に宿る！　気合だー！　岸まで遠泳だー！　浮きなど、いらん！」

書影　裏

書庫
初版特典
浮き
（投げ捨て紛失用スペア付き）
抽選で38名様に
プレゼント

リナルディ大尉大人気

志願して戦場に赴いたにもかかわらず、恋愛にうつつを抜かすことになるフレデリック。恋とは落ちるものではあるが、それまでの過程を見れば浮ついている感は否めない。しかしここに戦争が、実際の戦場が、メロドラマの舞台として消費されることを断じて許さぬ男がいた。リナルディ大尉である。生粋の職業軍人である彼が部下に求めるものとはすなわち、本来持つべき「責務を全うする気概」のみ。その極めてシンプルな思考と、どこでも褌一丁で通す独自のスタイルは「俺たちのリナルディ」として世界各国で人気を博し、今なお彼を「理想の上司」と慕う読者は多い。

26 誰がために羽根は鳴る

For whom the wings toll

たがためにはねはなる

迂闊がすぎる。

新世界文学名作選㉛

誰がために羽根は鳴る

For whom the wings toll

たぶんメス。

新撰、文庫版世界文学全集第9回配本
内乱の最中燃え上がる許されざる恋。

鈴虫の鳴く仕組み（ほぼほぼ本当）

秋に鳴く虫の代表選手とされる鈴虫だが、鳴くのはオスに限られる。鳴き声と呼ばれるものは二枚の翅（はね）が起こす音。右翅に並んだぎざぎざ状の「鑢状器（ろじょうき）」と左翅にある爪状の突起「摩擦器」を1リーンにつき約４０回高速で左右にこすり合わせることで生まれる。さらにその音を翅の膜（発音鏡）が増幅、翅自体を立てることでより遠くへと音を届ける事が可能となる。音が広がるのは後ろ方向のため雌を見つけた雄はこぞって彼女に尻を向け、手持ちアンプとスピーカーで自慢のラブソングを大音量でドヤりながら歌うというのが、秋の草むらの風景である。

【あらすじ】

自由と正義のため、義勇軍としてこの国の内乱に身を投じた私だったが、ある任務を遂行中出会った現地女性と運命的な恋に落ち、うっかり来年もこの鈴虫の鳴く橋の下で再会することを約束してしまう。しかし私の任務は、この橋の爆破だったのだ——。たった一つの物忘れが巻き起こす悲劇。作者の従軍体験を元に描く一大メロドラマ。

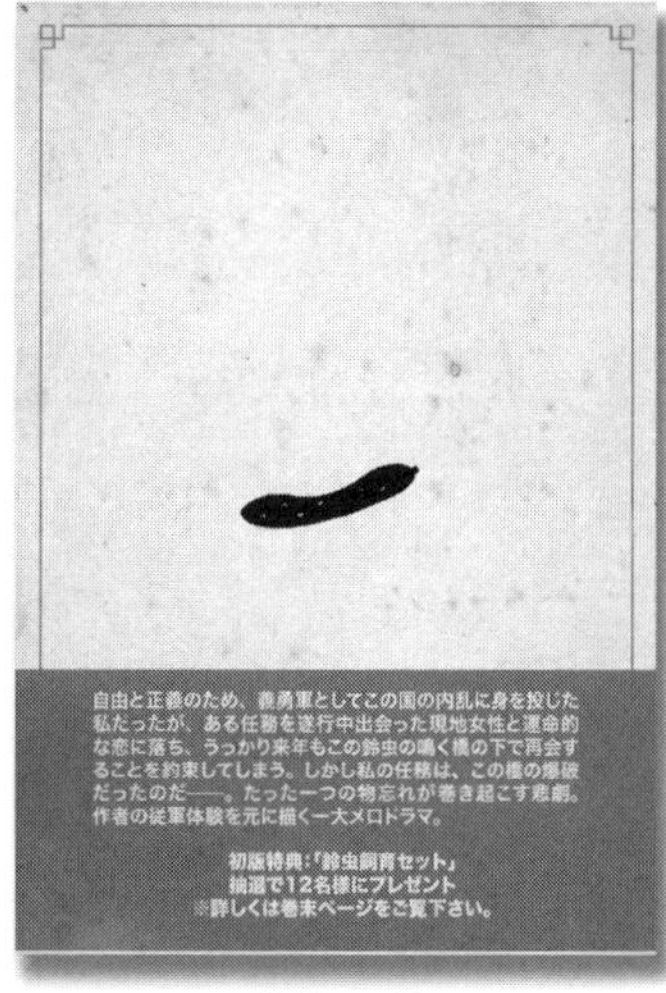
自由と正義のため、義勇軍としてこの国の内乱に身を投じた私だったが、ある任務を遂行中出会った現地女性と運命的な恋に落ち、うっかり来年もこの鈴虫の鳴く橋の下で再会することを約束してしまう。しかし私の任務は、この橋の爆破だったのだ——。たった一つの物忘れが巻き起こす悲劇。作者の従軍体験を元に描く一大メロドラマ。
初版特典：「鈴虫飼育セット」
抽選で12名様にプレゼント
※詳しくは巻末ページをご覧下さい。

書影　裏

書庫
初版特典
鈴虫飼育セット
抽選で12名様に
プレゼント

生粋のスペイン人
リナルディ
キアイダー！

浮ついた志願兵問題

異国から参加した兵卒が戦場そっちのけで現地の恋愛にうつつを抜かす、いわゆる「浮ついた志願兵問題」は国、時代を問わず常に各陣営を悩ませてきた。正義と理想を求めて戦線に参加する志願兵の中には、「非日常を求めるロマンチスト」も高確率で含まれるが、ロマンチストにとっては恋もまた立派な「非日常」なのである。夢見がちなごくつぶしに兵糧を削られることに苦慮したスペイン人民協和派はついに、「責務を全うする気概」を呼び覚ます伝説の男を招聘する。リナルディ大尉である。

27

長い尾はかれ

The Long Good Tail

ながいおはかれ

名探偵登場。

統・世界文学名作選⑥

長い尾はかれ

The Long Good Tail

長すぎるゥ！

新撰、文庫版世界文学全集続編第一回配本
長い尻尾の私立探偵・マーロウのハードボイルドな活躍。

クライマックス（ネタバレ）

「信じてマーロウ。あの人を殺したのはあたしじゃない。そう、あいつよ。ギャングのところにいたサングラス姿で馬鹿みたいに尻尾の長い……」「やっかましいやいっ！ 黙って聞いてりゃいい気になりゃあがって。おうおうおうっ、目ん玉ァひん剝いてよく見やがれっ。この長い尻尾が目に入らねえかっ！」「！！…マーロウ、あなただったのね」「あとは警察に任せよう。お別れだアイリーン」「さようなら、マーロウ」「……これにて、一件落着！」

【あらすじ】

私立探偵マーロウは、メキシコに発った謎多き友人レノックスに妻殺しの嫌疑がかけられていたことを知る。時を同じくして失踪した作家の捜索を依頼されるマーロウ。依頼者である美貌の妻アイリーンの心には決して忘れられぬ男の存在があった。複雑にもつれ合った二つの事件のほどき目から、次々とこぼれ出る死体。マーロウは真相を確かめるべく、得意の変装でギャングの懐へと入り込む。

長い尻尾の私立探偵マーロウの活躍を描くハードボイルドシリーズ、傑作の誉れも高い第六弾。

書影　裏

マーロウ役の癖が年々ひどくなる

テレビ探偵劇全盛期から「名探偵マーロウ」ものは定番の人気コンテンツ。「この長しっぽが目に入らねえか」の決めゼリフを耳にされた方も多いだろう。制作費の高騰、視聴率の低下などから制作本数が減るにつれ、探偵劇の主役はベテラン大物俳優専用の席となり、マーロウ役の年齢も次第に高齢化。今では遊び人としてマフィアに潜入する場面も貫禄がありすぎてどちらがボスだかわからない。最大の見せ場である立て板に水の啖呵場面も、止められる人がいないのか、タメ、外し、ビブラート満載の一人のど自慢状態で、一周回って斬新だとネット上では人気である。

耳をすませば。

28 ゴーヤの呼び声

The call of the bitter melon

ごーやのよびごえ

続・世界文学名作選㉝

ゴーヤの呼び声

The call of the bitter melon

水ほしいみたいさあ

新撰、文庫版世界文学全集続編第24回配本
ただ一心に植物の声を聞こうとする男。

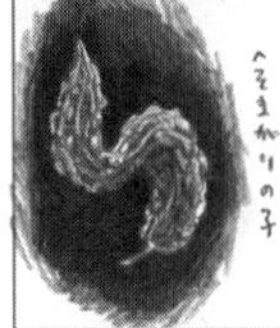

無口な子（比嘉高安さん談）

「誰もがちゃんとしゃべってくれるわけじゃないさあ。中にはおとなしい子（株）や、やんちゃな子もいるよ。そこは学校のクラスとあんまり変わんないんじゃないかなあ」「この子は特に無口でさあ。ひとっこともしゃべんない。でも声が聞けない分よおく様子見れば、なんとなく考えてることはわかるもんさあ」「あっちの子も無口だけど、あれはただのはずかしがり屋。動物にはなんでも平気で話すから、バックに教えてもらってるさあ。みんないい子だよお」

【あらすじ】

ゴーヤ作りの名人比嘉高安さんが最近熱心に取り組んでいるのは、耳をすませてゴーヤの発する声を聞くこと。「してほしいことは相手に直接聞くのが一番さあ」

ところが高安さん、炎天下の中毎日聞き耳を立て続けたので、軽い熱中症で倒れてしまう。自宅で休む高安さんを最近引き取った犬・バックがしつこく呼び立てる。根負けし、バックに引かるまま畑に向かった高安さん、そこには水不足で苦しむゴーヤたちが。「おまえもゴーヤの声がわかんのかあ。悪かったあバック。これからはお前の声もちゃんと聞くさあ」

書影　裏

書庫
初版特典
ゴーヤ栽培キット
抽選で1000名様に
プレゼント

あいかわらず眩しいゴーヤ愛　　司書のおすすめポイント⑥

前著『ゴーヤいじり』では、甘いゴーヤを作ることに熱中していた高安さん。今度はゴーヤの声に耳を傾け、その要望を聞き取ることに心を砕きます。それほどゴーヤをひたむきに愛しているのだと言えば聞こえはいいけれど、はたから見ればヤバさに拍車がかかっているようにしか見えません。ご近所付き合いがちょっと心配です。でも、それほど夢中になれるものがあるのは素敵なことには違いありません。そのまっすぐな姿勢に憧れます。(つ)

※参照『ゴーヤいじり』→『きりえや偽本大全』p.196

29 裸のパンチ

Naked Punch

はだかのぱんち

湯あたり中毒患者の幻覚。

新世界文学名作選⑤①

裸のパンチ

Naked Punch

うけてみろ！

新撰、文庫版世界文学全集第十九回配本
銭湯で繰り広げられる包み隠しようのない男の闘い

「禁書運動家」の撃退

湯あたり中毒患者が見た幻覚を無法則に切り貼りし仕立て上げた本作は、その下品・猥雑な描写の多さから禁書運動家たち※の格好のターゲットとなった。しかし運動の甲斐あり、アメリカ政府から正式に発禁処分が下されようとしたそのとき、問題が発生。その内容のあまりの支離滅裂具合に、「何が」「どう」けしからぬのか報告書に書けるものがいないのだ。説明ができぬものを処分すればそれはただの「言葉狩り」になってしまう。禁書運動家の挫折は事件として話題となり、本書が実験小説の騎手として評価されるきっかけになったのは皮肉な話である。

※参照：「禁書運動家」について→『きりえや偽本大全』p.127『ぢいさまバイキングビッケ』脚注

【あらすじ】

肩が触れたか屁でもしたのか。銭湯で始まった喧嘩は場所が場所だけに人間の本性を隠しようなく噴出させる。カット・アップ手法によるとめどないイメージの奔流。混ざり合う血と泡、うなるタオル、飛び散るケロリン。湯あたりからくる幻想を紙に滲ませ、この一作品で作者を一躍実験小説の旗手にまで押し上げた幻の傑作。原文のリズムを考慮した新訳で登場。

書影　裏

関連作品

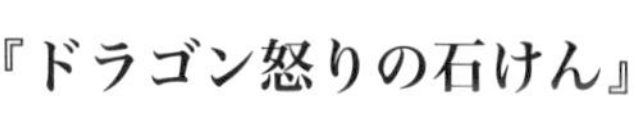
どこまでも響く怪鳥音

『ドラゴン怒りの石けん』

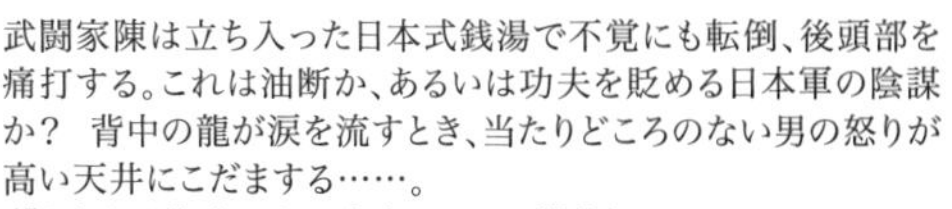
武闘家陳は立ち入った日本式銭湯で不覚にも転倒、後頭部を痛打する。これは油断か、あるいは功夫を貶める日本軍の陰謀か？　背中の龍が涙を流すとき、当たりどころのない男の怒りが高い天井にこだまする……。
（『きりえや偽本シネマ大全』p.156 掲載）

30

アルジャーノンにはなたを

Hatchet for Algernon

出口を探して。

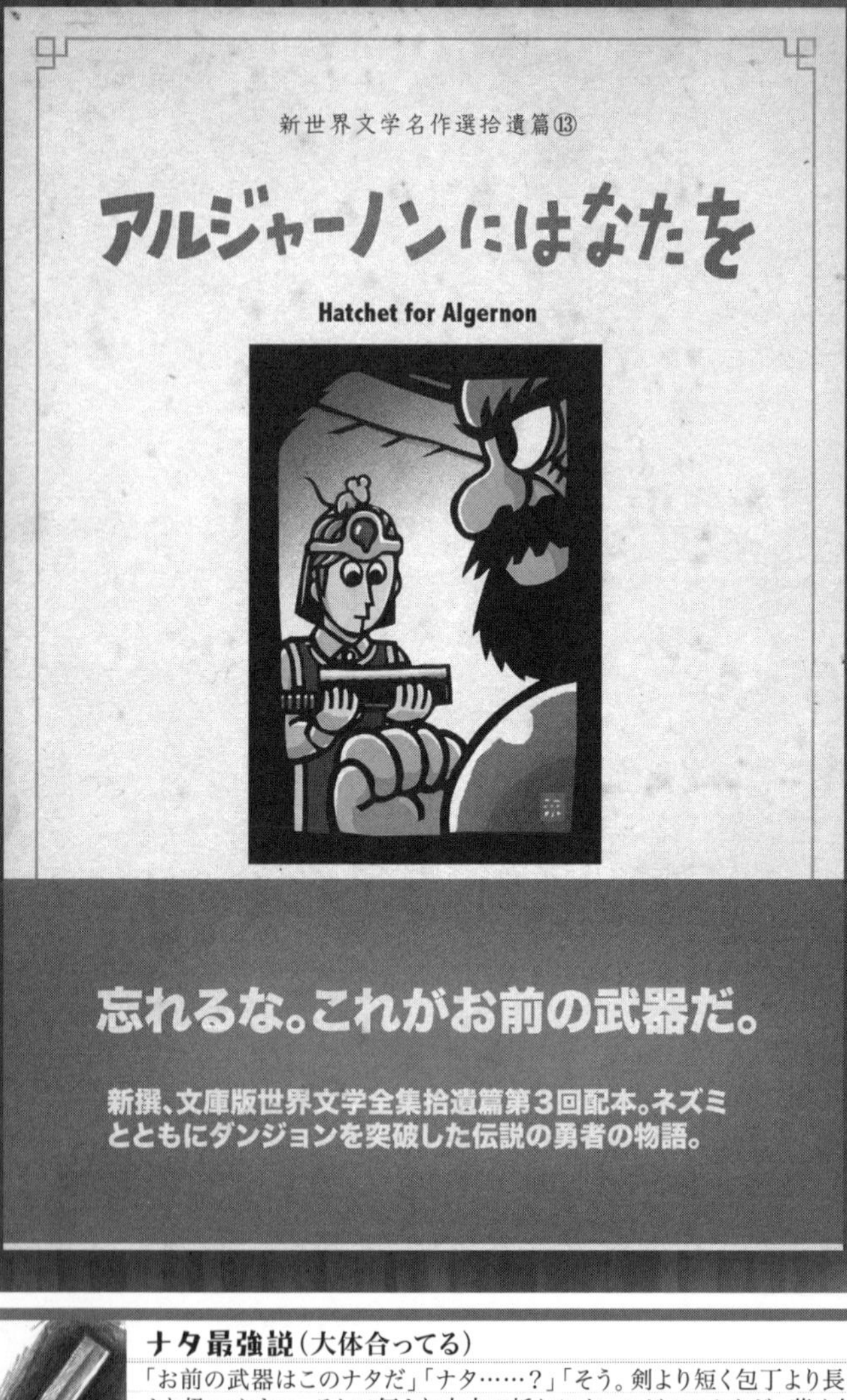

新世界文学名作選拾遺篇⑬

アルジャーノンにはなたを

Hatchet for Algernon

忘れるな。これがお前の武器だ。

新撰、文庫版世界文学全集拾遺篇第3回配本。ネズミとともにダンジョンを突破した伝説の勇者の物語。

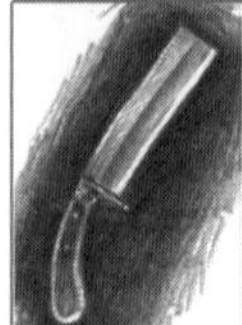

ナタ最強説(大体合ってる)

「お前の武器はこのナタだ」「ナタ……?」「そう。剣より短く包丁より長く、斧や鎌より扱いやすい。そして何より丈夫で折れにくいのがこのナタだ。薪や竹を割るために刃が重くなっているから、心得がなくともとりあえずぶん回すだけでどうにか戦える。手入れも簡単。持つのさえ忘れなければ、お前にとって最強の武器になるだろう。先頭に立って戦うのは我々だが、お前自身の身はこれで守れ」「一つ質問があります」「なんだ」「あなたはナタ屋さんですか?」「戦士だよっ!」

【あらすじ】

魔王の居城へとつながる巨大迷路を抜けるためスカウトされた気弱な青年アルジャーノン。だが真の勇者となる才能を秘めた若者にはすでに魔王の呪いがかけられていた――。

直感は働くが歩いた道も剣の使い方もすぐに忘れるアルジャーノンに一行は「ただ殴りゃなんとかなる」なたを与え、ともに迷路の出口を目指す。モヤの掛かった思考に大鉈を振るい、自らを解き放った勇者の物語。

書影　裏

最も切ないダンジョンもの（ネタバレ）

魔王がアルジャーノンにかけた呪いは「何ごとか成し遂げるたびレベル0に戻る」というものだった。勝利とひきかえに、彼はこれまで経験した挫折や達成感、親しい人たちとの思い出までもすべて失うこととなるのだ。「それでもかまわない。たとえ僕が何もかも忘れてしまっても、この仲間の記憶の中に僕がいる。それで十分だ！」魔王は滅び、世界に再び青空が戻った。目覚めた青年は傍らにいる傷だらけの大男に尋ねる「僕は、誰ですか？」「ああ。お前さんはな、俺たちの勇者だ。手を出してみろ。こいつが親友のネズミ。そして、もうなくすなよ。これがお前の武器、ナタだ」

31

白い犬とはルッツを

Lutz jump flying with white dog

しろいいぬとはるっつを

思い出は回る。

統・世界文学名作選㉞

白い犬とはルッツを

Lutz jump flying with white dog

芸術点加算。

新撰、文庫版世界文学全集続編第13回配本
パートナーを失ったフィギュアスケーターの前に
現れた、白い犬の正体とは？

ルッツジャンプ判別方法（おそらく本当）

① ジャンプまでは**後ろ向き**に滑走。 → ② **軸足のエッジ**（刃のへり）と**もう片方のつま先**との合わせ技で飛ぶ。 → ③ 踏み切り時使うのは**エッジの外側**（アウトサイド） → ④ 助走とは**逆方向**に飛ぶ（カウンター） → **ルッツ**

特に③、④のとっさの判別は難しく、実況を聞くのが一番確実です。

【あらすじ】

長年ペアを組んだパートナーに先立たれ、失意の底に沈んだフィギュアスケーターのサム。新パートナーを見つけての再起やコーチ就任の話をすべて拒み、自分の殻に閉じこもる彼の目の前にある日一匹の白い犬が現れる。メダルを取った大会の彼女の衣装によく似た毛色。犬との触れ合いの中で少しずつだがサムは生きる力を取り戻し、ついには氷の上での練習を再開できるようになる。しかしともに滑っていたはずの犬は、リンクに他の選手が入ってくると必ずどこかへ姿を消し……。

長年ペアを組んだパートナーに先立たれ、失意の底に沈んだフィギュアスケーターのサム。新パートナーを見つけての再起やコーチ就任の話をすべて拒み、自分の殻に閉じこもる彼の目の前にある日一匹の白い犬が現れる。メダルを取った大会の彼女の衣装によく似た毛色。犬とのふれあいの中で少しずつだがサムは生きる力を取り戻し、ついには氷の上での練習を再開できるようになる。しかしともに滑っていたはずの犬は、リンクに他の選手が入ってくると必ずどこかへ姿を消し……。
初版特典：「犬用スケート靴（フィギュアスケート用）」
抽選で50名様にプレゼント

書影　裏

書庫
初版特典
犬用スケート靴
（フィギュアスケート用）
抽選で50名様に
プレゼント

くよくよ男文学（批判の多い日本語訳）

壮年男性を主人公にしたアメリカ文学には、亡きパートナーを一途に思い続ける男の晩年を光に包まれた回想とともに描く、くよくよ男文学とでもいうべきジャンルが存在する。大恋愛の末結ばれ、その後の人生も妻一筋、死別してなおひたすら彼女を思い続ける男の姿に、読者は余人にはなかなか到達し得ぬ純愛の果てを見、己の胸に手を当てる。叶わなかった恋、添い遂げようと決めた相手、彼ほど人を愛したことがこれまで自分にあっただろうか。少しだけ苦い涙を誘う、大人のおとぎ話。訳語への批判が高まり、近年では「未練男性文学」と呼ばれることも多くなった。

原作本紹介

『日はまた昇る』ヘミングウェイ

第一次世界大戦で傷を負った若者たちを主人公にした長編小説。パリで意気投合した小説家のロバート・コーンと新聞記者のジェイク・バーンズは独特な雰囲気の美女ブレット・アシュリーに出会う。ジェイクと彼女はいい雰囲気になり、公園でキスをする。彼らは戦争中、負傷した患者と看護師という関係だった。赤痢で恋人を亡くした過去を持つブレットは異性と遊び歩く奔放な生活を送っており、彼女に思いを寄せるジェイクやコーンに思わせぶりな態度を取って振り回していた。そんなある日彼らがスペインに行くと、ブレットは闘牛士の青年に夢中になってしまう。1926年刊。

高見 浩 訳
新潮文庫

『武器よさらば』ヘミングウェイ

第一次世界大戦中の北イタリアの前線に駐屯していたアメリカ人のフレデリックは、軍医で友人のリナルディと歩いていたある日看護師のキャサリンと出会う。彼は彼女と恋仲になるが、心の内ではこの恋愛に本気ではなかった。オーストリア軍の追撃砲弾を受けたフレデリックは両足に重傷を負いミラノに運ばれる。病院で再会したキャサリンを心から愛するようになった彼は、幸せな日々を送る。ところがフレデリックは再び前線への出動を命じられ、そんな彼にキャサリンは自身が妊娠したことを告げる。前線での戦局が悪化し退去を余儀なくされたフレデリックたちは……。1929年刊。

高見 浩 訳
新潮文庫

『誰がために鐘は鳴る』ヘミングウェイ

スペインの共和党政府とファシスト軍の間で勃発した内戦によって翻弄される恋人たちを描く。共和党政府を支援する義勇兵ロバート・ジョーダンは、将軍から定められた時間に鉄橋を爆破するよう命じられる。案内人の老人アンセルモに連れられて山中ゲリラと合流したジョーダンだったが、外国人である彼に命令されることが気に食わないゲリラのリーダーのパブロに任務への協力を渋られてしまう。露営地でアンセルモの仲間のジプシーたちに出会ったジョーダンは、両親をファシスト軍に殺されたマリアという美しい娘と激しく惹かれ合う。1940年刊。

『誰がために鐘は鳴る(上)』
高見 浩 訳
上下巻
新潮文庫

文責：現代書館編集部＋きりえや

27 『長いお別れ』

レイモンド・チャンドラー

私立探偵のフィリップ・マーロウは白髪で顔に傷を持つ青年テリー・レノックスと出会い、たびたびバーで飲む仲となる。ある日メキシコのチュアナに連れて行ってほしいというレノックスの頼みを聞いたマーロウは、警察から事情聴取をされる。レノックスに妻殺しの容疑がかけられているというのだ。ところが数日後、彼はレノックスが自殺したと聞かされる。そんなマーロウのもとに新たな依頼が持ち込まれる。金髪の女アイリーンから行方不明になった夫である作家のロジャー・ウェイドを探してほしいと頼まれた彼は、悩んだ末に調査を引き受ける。１９５３年刊。

清水 俊二 訳
ハヤカワ・ミステリ文庫

28 『荒野の呼び声』

ジャック・ロンドン

『野生の呼び声』としても知られる。セントバーナードとシェパードの血を引く犬、バックはミラー判事の屋敷で何不自由なく暮らしていた。ところがある日、バックは騙されて売られてしまう。ほかの犬たちとともにそりを引かされるようになったバックは、次第に野性に目覚め、そり犬たちのリーダーとなる。犬たちを統率しいまだかつてない速さで仕事をこなせるようになったバックだったが、彼らはまたしても別の人間に買い取られる。弱った体力を回復できないまま次の人間たちのそりを引かされたバックはついに倒れ、たまたま居合わせたジョン＝ソーントンに救われる。１９０３年刊。

海保 眞夫 訳
岩波文庫

29 『裸のランチ』

ウィリアム・バロウズ

後のアメリカンカルチャーに多大なる影響を及ぼした、ビートジェネレーションを代表する作家、ウィリアム・バロウズが手がけた代表的長編。１９５９年刊。テキストを切り刻みランダムに組み合わせるカットアップ手法を駆使し綴られた作品には、著者の投影である麻薬中毒者の彷徨という点以外一貫したストーリーのようなものは存在せず、浮かび上がった表現は不道徳にして猥雑。刊行時アメリカ政府から発禁処分を受けたことがかえって話題となり、過激な実験小説として注目された。ロックスターに信奉者が多く、１９９１年にはデイビッド・クローネンバーグにより映画化された。

鮎川 信夫 訳
河出文庫

原作本紹介

文責：現代書館編集部＋きりえや

小尾 芙佐 訳
ハヤカワ文庫

30 『アルジャーノンに花束を』 ダニエル・キイス

人工的に知能を著しく向上させられた青年の手記の形をとったSF小説。1959年に中篇が発表され翌年にヒューゴー賞を受賞、66年に長篇が刊行されネビュラ賞を受賞した。パン屋で働く知的障害者のチャーリイは、教師の勧めでまだ動物実験しかしていない脳手術を受けることとなる。被検体のハツカネズミ、アルジャーノンに迷路ゲームで敗れた彼は手術を受けて知能をめきめきと発達させるが、職場の仲間から騙されて笑われていたことに気がついてしまう。科学者たちの国際会議でアルジャーノンの行動に時折異変が起こることを聞いた彼は、知能の退行を食い止めようとするが……。

兼武 進 訳
新潮文庫

31 『白い犬とワルツを』 テリー・ケイ

長年連れ添った妻に先立たれた昔気質な老人サムは、彼を心配して様子を見にくる子どもたちを疎ましく感じる。一人静かに生きていこうと頑固に考えている彼のもとに、一匹の白い犬が現れる。彼になつくようになったその犬は、新婚時代に飼っていた犬によく似ていた。妻との日々を思い出しながら、サムは犬に餌を与えてかわいがる。ところがその犬は、彼の子どもたちや孫が訪ねてくるといつもどこかへ姿を消してしまった。犬は実在しているのか、サムの幻覚なのかと子どもたちはサムを疑うが……。1990年刊。書店員の手書きのPOPを契機に日本でミリオンセラーを記録した作品。

リナルディ大尉（とよく似た人たち）

アジア系の偉丈夫。迷いとは無縁で常に気合に満ちており、体温が高く声がでかい。なぜかたいていふんどし姿。

【登場作品】
『怒りの武道』（『きりえや偽本大全』p.100）
『お熱いのがおおすぎ』（『偽本シネマ大全』p.38）
『スターモーゼ』場面スチール（同『シネマ大全』p.80）
『浮きよさらば』（本書 p.78）
ほか

「お熱いのがおおすぎ」より（下段右）

意外と当たる!?

偽本心理テスト①

Q1 ついに福引で当たりを引いた鬼平。当たったものとは……

A 信玄椅子

B なた

C タワマン（地蔵専用）

D 妹

Q2 あなたは転生しました。誰になってた？

A 鬼（本名非公表）

B かえる

C 庄屋の娘

D ミイラ

Q3 椅子の中から誰かが出てきた！それは……

A ボヴァリー武人

B パトラッシュ

C ハイジ

D 大造じいさん

←きになるこたえは次のページに

出題＆回答：現代書館編集部＋きりえや

心理テストの

きになるこたえ

A1 理想の相手に何を求めるかがわかるよ!

A 信玄椅子（→p.60）
↓
安心できる包容力

B なた（→p.88）
↓
守ってくれるたくましさ

C タワマン（→p.148）
↓
地位と名誉と経済力

D 妹（→p.102）
↓
守ってあげたくなる対象

A2 答えはあなたの秘めた願い。

A 鬼（→p.150）
↓
人気者

B かえる（→p.196）
↓
世捨て人

C 庄屋の娘（→p.144）
↓
大恋愛

D ミイラ（→p.146）
↓
長生き

A3 あなたの正体は…

A ボヴァリー武人（→p.126）
↓
嫉妬の権化

B パトラッシュ（→p.214）
↓
忠犬

C ハイジ（→p.216）
↓
パーリーピーポー

D 大造じいさん（→p.174）
↓
スナイパー

←Part.2は159ページに

『信玄椅子』&『屋根裏のサンポーニャ』編

書店員さんによる
偽本POP
コーナー
②

信玄椅子
推し
私の大好きな
お屋形さまが、
なんと、椅子に?!
どんな椅子心地
なのか… 試してみたくなります。
しかし、決して、中には…
NISEBON LIBRARY
信玄椅子
なんだか温かい……

芳林堂書店高田馬場店 江連さま

→ p.60

異国の楽器サンポーニャと尺八の
熱いセッションが屋根裏に響く――

屋根裏のサンポーニャ

屋根裏に突如現れた謎の
サンポーニャ奏者―その正体とは?
名探偵明智小五郎の推理が光る!

屋根裏のサンポーニャ
響くわっ!

ジュンク堂書店池袋本店 松野さま

→ p.62

挿絵
ギャラリー
2

『アルジャーノンにはなたを』抜粋

「もうなくすなよ。これがお前の武器、ナタだ」

古びた鉄の塊を手渡し男はニヤリと笑う。血だらけの大男が浮かべた凄惨な笑みを、何故か懐かしく感じた青年は、ゆっくりと大きくまばたきをした。

005

一般書（海外）

ほか海外文学の棚

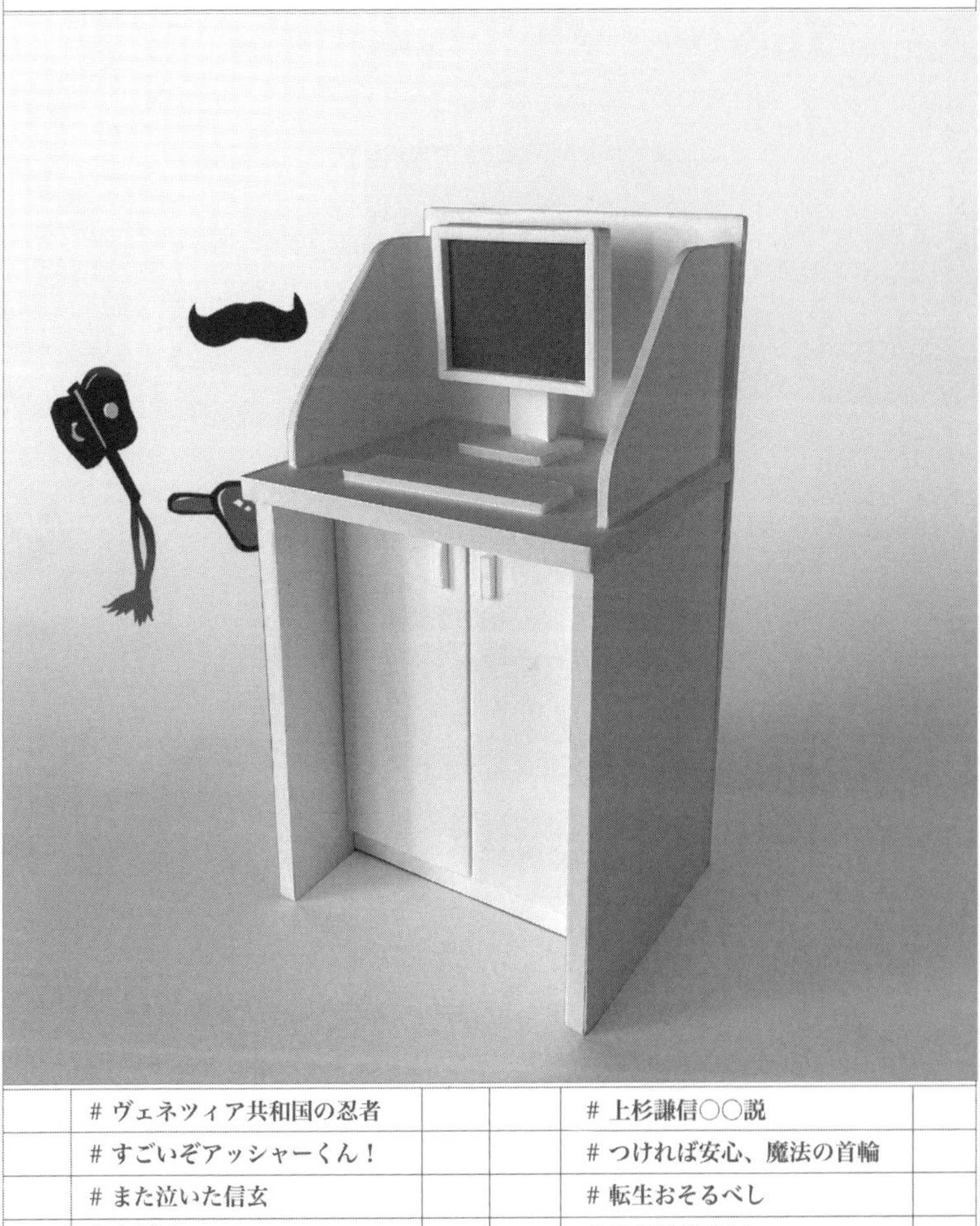

# ヴェネツィア共和国の忍者	# 上杉謙信○○説
# すごいぞアッシャーくん！	# つければ安心、魔法の首輪
# また泣いた信玄	# 転生おそるべし
# 火曜日	# うさぎが来ない…

32 ベニスの上忍

The Ninja of Venice

べにすのじょうにん

水面下の攻防。

新世界文学名作選㉑

ベニスの上忍

The Ninja of Venice

成敗！

新撰、文庫版世界文学全集第二十九回配本
水の都で繰り広げられる、非情なるスパイアクション。

ヴェネチア共和国の忍者

アマチュアダイバーがベニス郊外のアドリア海沖で発見した手裏剣は、鑑定の結果7世紀末のものと判明。復元された手裏剣断面が、これまで謎であった最古の基礎木材につけられた無数の穴の形と合致したことにより、ヴェネチア共和国がその創生期より忍者集団を抱えていたことが明らかになった。諜報、暗殺、あらゆる裏働きを務める名もなき者たちの存在が、世界史上類を見ない1000年にも亘る共和国の繁栄を支えていたのである。

「アドリア海の女王」ヴェネチア共和国の自由と独立を守る為、歴史の闇に身を溶かし暗躍した忍者集団。その名門一族の長、マルコに金貸しシャイロック暗殺の密命が下る。耳を疑うマルコ。オスマン帝国に通じたとされるその男は、昨日まで自分達が頭と呼んでいた男だった——。これまで国を信じ道具に徹して生きてきた男の胸に浮かんだ疑惑は、死んだはずの双子の兄アントーニオとの登場により決定的なものとなる。運河を血に染める知られざる者達の死闘。マルコに残された最後の信ずべきものとはいったい何か。
初版特典:「ゴンドラ(こぎ手つき)」
抽選で3名様にプレゼント※詳しくは巻末ページをご覧下さい。
書影　裏

【あらすじ】

「アドリア海の女王」ヴェネチア共和国の自由と独立を守るため、歴史の闇に身を溶かし暗躍した忍者集団。その名門一族の長、マルコに金貸しシャイロック暗殺の密命が下る。耳を疑うマルコ。オスマン帝国に通じたとされるその男は、昨日まで自分たちが頭と呼んでいた男だった——。

これまで国を信じ道具に徹して生きてきた男の胸に浮かんだ疑惑は、死んだはずの双子の兄アントーニオとの登場により決定的なものとなる。運河を血に染める知られざる者たちの死闘。マルコに残された最後の信ずべきものとはいったい何か。

書庫
初版特典
ゴンドラ
(こぎ手つき)
抽選で3名様に
プレゼント

信じられるのは

シャイロックの喉元に突きつけられるマルコの刃。「助けろ。代わりに俺の肉1ポンドくれてやる」「いらん。残らず話せ」「アントーニオを殺すよう命じたのは俺だ。嫌いだったし、やつにはお前にない野心がある。ああせねばいずれ俺がやられた。まさか生きていたとはな」「あいつは終わりだ。お前への復讐にこだわるあまり、忍びのくせに政治に近づきすぎた」「俺を殺すのか？」「あんたのことは嫌いだが、殺す理由にはならない。今回のことでわかっちまった。俺を裏切らないのは俺だけだ。だからもう主は必要ない。抜けるさ。あばよ」〈続編『忍風マルコ外伝』へと続く〉

33 アッシャー家のほうがいい

I prefer the Usher family

あっしゃーけのほうがいい

となりの芝生。

続・世界文学名作選㉟

アッシャー家のほうがいい

I prefer the Asher family

わがままいわないのっ!

新撰、文庫版世界文学全集続編第14回配本
隣の芝生が黄金に見えた、少年の日の記憶。

どこまでもうらやましい

動かなくなった妹をアッシャーくんは外に埋めるという。いったいこれから何が起こるんだろう。僕はワクワクしながら手伝った。夜中になると土の中にいたはずの妹が、部屋の前まで現れた。脱出マジック、イリュージョンだ! すごいぞアッシャーくん(と妹)。僕一人のためにこんなことまでと感動してたら、外に出てろとアッシャーくん。屋敷の外で待ってると、雷が落ち、屋敷はくずれて粉々に。僕はもう涙が止まらなかった。こんなすごい見世物はこの先一生見られないかもしれない。ありがとうアッシャーくん。帰ったらお父さんに雷で砕け散る家がほしいと頼んでみよう。

【あらすじ】

昔遊んだ幼なじみのアッシャーくんから手紙をもらい、屋敷に遊びに行った僕。久しぶりに会ったアッシャーくんは昔とずいぶん変わってた。げっそり痩せて頬はこけ、青白い顔の中鈍く光る目の下には黒いくま。僕は思った「カッコイイ……」。アッシャーくんは言う。

「僕がこんなになったのは、病気の妹が死にそうだからなんだ……」妹いたのかアッシャーくん、なんて、なんて羨ましいんだ。うちに帰ったらお母さんに「妹がほしい」って言ってみよう――！

書影　裏

書庫
初版特典
倒壊再現機構付き
アッシャー屋敷ミニチュア
抽選で４名様に
プレゼント

羨ましがるところは、そこじゃない！　　司書のおすすめポイント⑥

痩せこけた男女を羨望の眼差しで見ている少年。そんなインパクトのある表紙絵が印象的な『アッシャー家のほうがいい』。主人公のこの少年は、妹の病気に心を痛めて痩せこけてしまった友人、アッシャーを見て「カッコイイ……」と感嘆のため息を漏らし、「妹がほしい」と羨ましがります。それは羨ましがるところではないでしょう！ そんな主人公は、そもそもどうしてアッシャー家に呼ばれたのでしょう。やっぱり、羨ましがるのが正解なのかも……？ (つ)

34 透明信玄

とうめいしんげん

Invisible Shingen

アイムヒアー。

続・世界文学名作選㊱
透明信玄
Invisible Shingen
透武者。
新撰、文庫版世界文学全集続編第１５回配本
甲斐の国を騒がすふんどし幽霊の正体は？

リアルチャンネル

近年エンターテイメント界でことに重要視されるようになった「リアルチャンネル」という概念。これは「すべてのフィクションにはどこまでをリアル(=アリ)とするかの基準値がそれぞれに存在し、読者はそこにチューニングを合わせることで安心して物語に入り込むことができる」というもので、作品独自の法則、ルールなどもこれに含まれる。本作品に関しては「消えるのは体だけで、まとった服や食べたものはそのまま見えてしまう」という透明薬のもたらす効果の限定がそれに当たり、荒唐無稽な設定にある種の現実感とでも言うべき手触りを与えている。

※『吼えろペン〈4〉』（小学館）で島本和彦氏が言及した「フィクションレベル」も同様の概念と思われる。

【あらすじ】

陣中にて透明な刺客に襲われた信玄は、その姿に驚愕。上げた悲鳴の大きさに相手がひるんで逃走し、九死に一生を得る。

現場に残された竹筒の中には怪しい液体。お館様の立場より好奇心が勝ってしまった信玄は配下に隠れてそれを一口、刺客と同じ透明な姿を手に入れる。

しかし透けるは己自身の体のみ。皆に隠れて国内を見回ろうとする信玄だったが、育ちの良さが仇となりふんどしだけは手放せず、やがて領内は「ふんどし幽霊」の噂で持ち切りとなってしまう――。

陣中にて透明な刺客に襲われた信玄は、その姿に驚愕。上げた悲鳴の大きさに相手がひるんで逃走し、九死に一生を得る。現場に残された竹筒の中には怪しい液体。お館様の立場より好奇心が勝ってしまった信玄は配下に隠れてそれを一口、刺客と同じ透明な姿を手に入れる。しかし透けるは己自身の体のみ。皆に隠れて国内を見回ろうとする信玄だったが、育ちの良さが仇となりふんどしだけは手放せず、やがて領内は「ふんどし幽霊」の噂でもちきりとなってしまう――。
初版特典：「ふんどし幽霊なりきりセット」
抽選で24名様にプレゼント※詳しくは巻末ページをご覧下さい。

書影　裏

書庫
初版特典
ふんどし幽霊
なりきりセット
抽選で24名様に
プレゼント

また泣いた信玄

お館様が何度神隠しに遭おうとも隣国は待ってくれない。影武者（幽霊※1）を立て軍議を開く武田衆。その最中軍師山本勘助は、影武者の後ろでそわそわと浮遊する物体に隻眼を見開く。浮かんでいたのはふんどし。そしてその隅には武田菱の刺繍が。よもやと思い両手に握った松明の灰を投げつければ……むせながら姿を現したのは褌一丁で全身灰色の、信玄その人であった。「勘助～！！」気づいてもらえて号泣する信玄。「椅子の件※2で懲りなかったんだ、この人」勘助ひとり呟いた。透ける薬の効果はその後半日たってようやく消えたらしい。

※1⇒p.69　※2⇒p.61 をそれぞれ参照のこと

35 チップス先生火曜なら

Mr. Chips, if it's Tuesday

ちっぷすせんせいかようなら

えっ!?

続・世界文学名作選㊲
チップス先生火曜なら
Dr. Chips, if it's Tuesday
どうだというんだ!?
新撰、文庫版世界文学全集続編第18回配本
波風を望まぬ教師に訪れる戸惑いの季節。

思わぬ方向から押されると人はよろめく（前半は本当）

大相撲には「四股が踏めれば十両まで行ける※」との言葉がある。相手のバランスをいかに崩すかが勝敗の分かれ目となる相撲において、四股で培われる下半身や体幹周りの筋力と柔軟さは最も重要な基礎となる。だがどれだけ鍛錬を積んだ力士でも、思わぬ方向から力が加われば土俵上で簡単に転がる。そう考えれば土俵への備えのないチップス先生が、不意打ちの申し出に大いに動揺したのは、致し方ないことであろう。しかし、たとえ相手が不可抗力でも、自らバランスを崩した時点で、はじめから勝敗は決していたといわざるをえない。恐るべし、無邪気な女学生。

※正確には「四股十両テッポウ三役」。

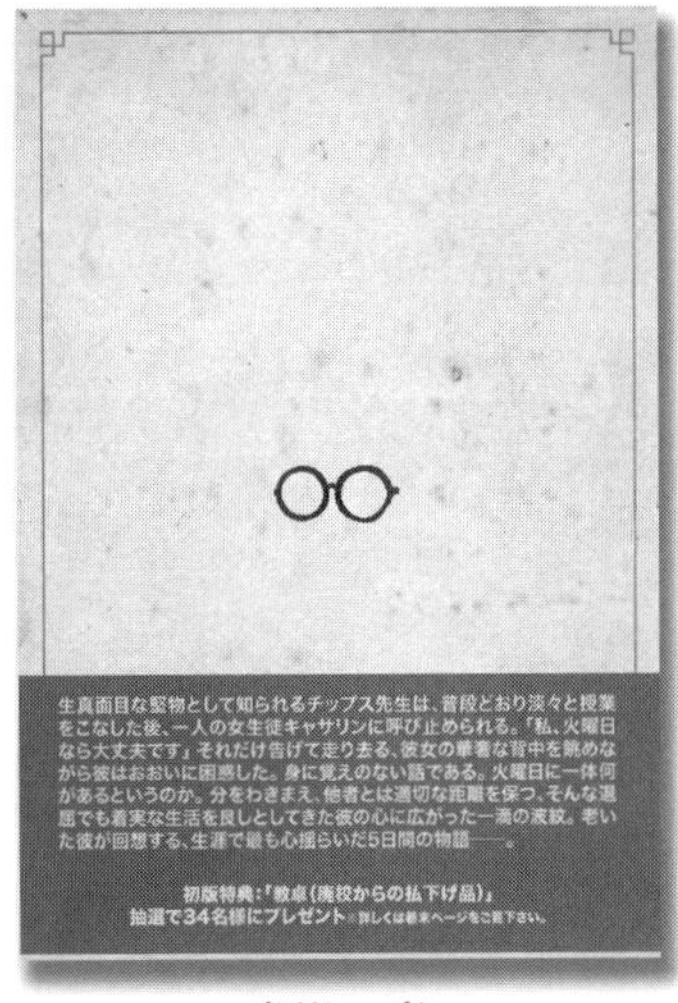
生真面目な堅物として知られるチップス先生は、普段どおり淡々と授業をこなした後、一人の女生徒キャサリンに呼び止められる。「私、火曜日なら大丈夫です」それだけ告げて走り去る、彼女の華奢な背中を眺めながら彼はおおいに困惑した。身に覚えのない話である。火曜日に一体何があるというのか。分をわきまえ、他者とは適切な距離を保つ、そんな退屈でも着実な生活を良しとしてきた彼の心に広がった一滴の波紋。老いた彼が回想する、生涯で最も心揺らいだ5日間の物語――。
初版特典：「教卓（廃校からの払下げ品）」
抽選で34名様にプレゼント※詳しくは巻末ページをご覧下さい。

書影　裏

【あらすじ】

生真面目な堅物として知られるチップス先生は、普段通り淡々と授業をこなした後、一人の女生徒キャサリンに呼び止められる。「私、火曜日なら大丈夫です」それだけ告げて走り去る、彼女の華奢な背中を眺めながら彼はおおいに困惑した。身に覚えのない話である。火曜日にいったい何があるというのか。分をわきまえ、他者とは適切な距離を保つ、そんな退屈でも着実な生活を良しとしてきた彼の心に広がった一滴の波紋。老いた彼が回想する、生涯で最も心揺らいだ五日間の物語――。

書庫
初版特典
教卓
（廃校からの払下げ品）
抽選で34名様に
プレゼント

火曜日

「火曜日(Tuesday)の語源はテュール。すなわち北欧神話の軍神であり、最高神オーディンは彼の父にあたり……」しどろもどろになりながら早口で話し続けるチップス先生。いったい何を話してるんだこの人は。授業中「研究室の本が多すぎて、整理を手伝ってくれる人がいたら助かるのですが…」と独り言のようにつぶやいたのを忘れたのだろうか。キャサリンは困惑しつつも、そんなへどもどしたチップス先生の様子を、何故かかわいいと思ってしまう。これが二人の馴れ初めだ。まったく運命の天秤というものは、いつどのようにして傾くか予想がつかないものである。

36 信玄ぎらい

Disliking Shingen

しんげんぎらい

だって……。

続・世界文学名作選㊳

信玄ぎらい

Disliking Shingen

ツンデレ。

新撰、文庫版世界文学全集続編第10回配本
敵に塩を送ったときの、一筋縄ではいかない気持ち。

“敵に塩を送る”(途中までは本当)

「苦境にある敵に、あえて手を差し伸べる」意のことわざ。隣接する今川・北条から塩の販売を止められ困った甲斐国領民のため、ライバル上杉謙信が塩を送ったという故事が元。実際はプレゼントではなく定価で販売したようだが、19世紀になってこのエピソードが美談化され「正義の味方・ストイック謙信」イメージが世間に定着した。大相撲ではその頃から、謙信公のフェアプレイ精神に倣おうと本来土俵を清める役割だった塩を相手に盛大に投げつける行為が流行。その風習は現在も続き、一場所あたり600kg以上。甲斐の国民が羨む量の塩が毎回消費されている。

【あらすじ】

他国に倣わず我が越後だけ甲斐に塩を卸すのは、別に温情などではない。値段を釣り上げぬのも塩が余っておるからじゃ。貸しを作るつもりも感謝される謂れもない。そもそもわしは武田がにくい。戦上手なところも、領民に慕われている点も、あの大袈裟なひげもすべて大嫌いじゃ。武田はわしの手で討たれねばならぬ。なれど国内情勢のほうが安定せねば次の戦が始められらず、その……会えぬではないか。

他国に倣わず我が越後だけ甲斐に塩を卸すのは、別に温情などではない。値段を釣り上げぬのも塩が余っておるからじゃ。貸しを作るつもりも感謝される謂れもない。そもそもわしは武田がにくい。戦上手なところも、領民に慕われている点も、あの大袈裟なヒゲもすべて大嫌いじゃ。武田はわしの手で討たれねばならぬ。なれど国内情勢のほうが安定せねば次の戦が始められらず、その…会えぬではないか。
初版特典：「塩１t（ご指定の住所にお送りします）」
抽選で１名様にプレゼント※詳しくは巻末ページをご覧下さい。

書影　裏

書庫
初版特典
塩１t
（ご指定の住所に
お送りします）
抽選で１名様に
プレゼント

上杉謙信〇〇説（後世好き勝手に提唱される謎多き名将の正体）
謙信女性説…最古の肖像画のつるんとした風貌、月一の腹痛、生涯不犯の誓いなどから。
謙信影武者説…最古の肖像画とその後の肖像画の髭の濃さが違いすぎる。
謙信年齢詐称説…最古の肖像画とその後の肖像画の髭の濃さが違いすぎる。⇒子どもから成長。
謙信もののけ説…「**謙信は大虫で、**49歳で亡くなる(『当代記』)」⇒正体は大虫(ムカデ怪物)。
謙信いい人説…困った武田に塩を送った。
謙信宇宙人説…生涯不犯⇒地球人に対する生殖機能がなく、また期限が来たら星に帰るため。

37 ネクタイの悪魔

The Devil wearing a Necktie

ねくたいのあくま

つければ安心、魔法の首輪。

新世界文学名作選㉓

ネクタイの悪魔

The Devil wearing a Necktie

似合わねえ！

新撰、文庫版世界文学全集第9回配本
ネクタイに振り回される社用族の悲哀。

日本にはじめて
持ちこんだのは
ジョン万次郎

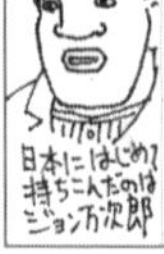

企業戦士の剣？（すべて本当らしいです）

首巻き自体は紀元前にも存在したが、17世紀後半にフランス王ルイ14世がクロアチア兵の襟飾り（フォーカル）を気に入って広めたことが、現在のネクタイの直接の起源とされている。その後イギリスで19世紀「フォア・イン・ハンド・タイ」が考案され、現代もその形がいわゆる「ネクタイ」として受け継がれている。首に巻く細いほうは小剣、前に下げる太い部分を大剣と呼び、社会に立ち向かう武器によくたとえられるが、それを自らの得物とみるか、喉元に突きつけられたほかの誰かの刃と感じるかは人それぞれであろう。

【あらすじ】

魔が差したのか？　いいやネクタイのほうが勝手に首に巻きついたのだ。彼がどのような所行をなそうとも彼のせいではない。すべてネクタイのせいなのだ。たとえそのために何人の女が泣こうが、すべては会社のため。そう会社こそが人の形を持たぬ悪魔なのだ。個人の良心を狂わす組織の魔力を描く社会派小説。現代に生きる我々こそが読むべき傑作。

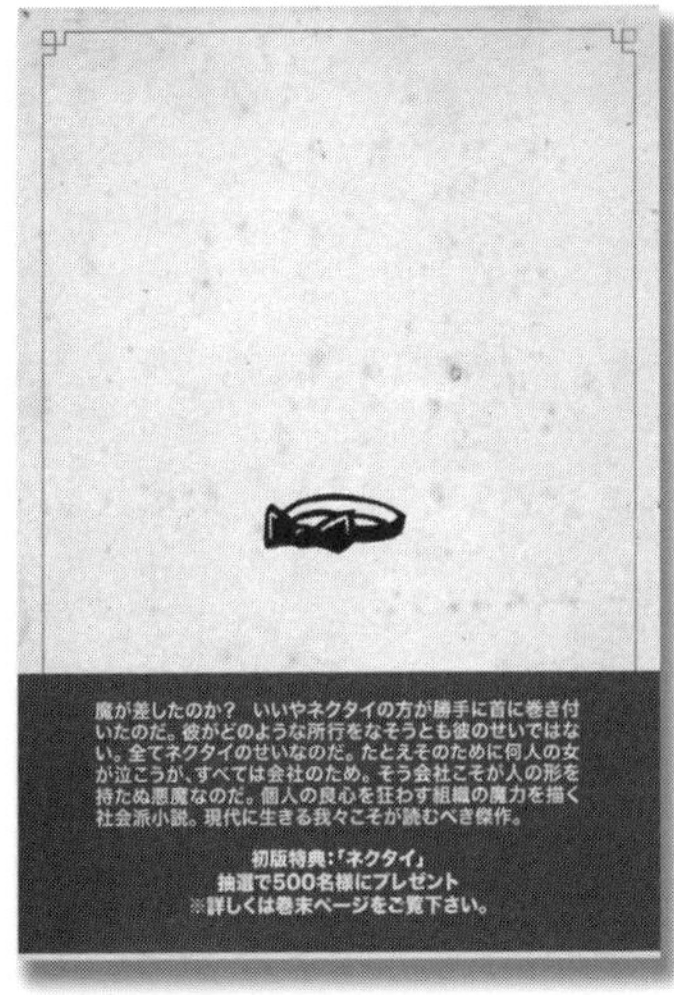

書影　裏

巨大化

人間の自意識というものは、人の形を保てない。自転車に乗れば、自転車に、車に乗れば車の大きさに容易にぶよぶよ肥大化する。厄介なのは、その大きさになってしまうと、他人がちっぽけに見えてしまうことだ。それは乗り物だけに限らない。所属する団体や組織に人は自意識を溶け込ませ、巨大化することで安心する。「我は国家なり」と考える人の自意識は、言葉通り国サイズである。一度そうなってしまえば、いくら「国民のため」を願おうと、悲しいかな巨大すぎるその目が吹けば飛ぶような虫ケラサイズの我々を捉えることなど、もはや不可能なのである。

38 恐るべきみどもたち

Les nous terribles

おそるべきみどもたち

自分がこわい。

新世界文学名作選㊳

恐るべきみどもたち

Les nous terribles

自画自賛。

新撰、文庫版世界文学全集第15回配本
忍びの者特有の自信、無邪気さ、残酷さ。

ミニギャラリー
「袋ノ鼠」(2005年頃)

【あらすじ】

腕は立つが体が弱い忍び・棒一は訓練中礫に紛れ放たれた手裏剣を胸に受け負傷、里での療養を余儀なくされる。手裏剣の主は團十郎。悪魔的美貌と人外の技を併せ持つ、棒一憧れの忍びだった。世は天下太平へと向かう戦国末期。任務が激減し、里から出ることがなくなり退屈した忍びたちは、危険な遊びに没頭するようになるのだが——。

忍びの持つ無邪気な残酷さ、純粋さ、それゆえに破滅に向かう様を、研ぎ澄まされた鮮烈な言葉で綴る作者の代表作。

書影　裏

書庫
初版特典
マキビシ
（50個セット）
抽選で30名様に
プレゼント

転生おそるべし 便利すぎて誰もかもがみな使ってしまう理由がわかりました……。

自らが持つ異能の技術だけで世を渡れた、戦の季節が終わろうとしている。切れすぎる刃は、泰平の世にあれば怖れられ、いずれ葬り去られるだろう。技を捨て、里を出よと長はいう。人として生きるか、忍びとして死ぬか。棒一は、團十郎が残した毒を口に含んだ——。「来たか、棒一。待ちかねておったぞ」見慣れぬ筒袖に身を包み髪を下ろした團十郎がニヤリと笑う。「ここは来世じゃ。泰平に見えるがな、実は裏では争いが絶えぬ。忍びの出番はここにはあるぞ。存分に腕をふるってやろうではないか」。現代日本の高校で、棒一はしびれるような感動を味わっていた。

39

マチボウケの人々

Des gens qui attendent en vain

まちぼうけのひとびと

ころりころがれ、木の根っこ。

続・世界文学名作選㊴

マチボウケの人々

People waiting in vain

来ないねえ……。

新撰、文庫版世界文学全集続編第11回配本
第一次世界大戦直前の時代に生を燃やす若者たちの姿を描く大河小説。4人が待つものとは……?

バッドエンド

10巻を通じて親しまれた登場人物たちの行く末は、読者を驚かせるに足るものだった。ダニエルは探していた兎穴に足を取られ両足骨折。アントワーヌは覗いた穴から噴出したガスを吸い込み入院。切り株前で兎を待っていたジャックは、郵便飛行機の墜落に巻き込まれ重症を負う。一人難を逃れたジェニーは、事故で怪我をした兎と、その子どもたちを保護。次世代に望みをつなぐ役を担う。ただ兎を待っていたはずの登場人物たちも、同時代の読者たちがそうであったように大戦の影響からは逃れられなかった。今はただ、兎たちの健やかな成長を願うばかりである。

【あらすじ】

カトリックの資産家、チボー家で厳格な父のもと育てられた、真面目で堅実な医師アントワーヌとその弟で反抗的な理想主義者ジャックの兄弟、プロテスタントの家庭で育ったお気楽な長男ダニエルとその妹ジェニーの四人は、ある日目前にあった切り株の根に飛んできた兎がつまずき転げる姿を目撃する。その日からそれぞれの思いを胸に、切り株の前で兎の到来を待つようになった四人。しかし待てど暮らせど次の兎は現れず――。

まったく性質の異なる二家族の交流と、それぞれが時代に翻弄される姿を描き、第一次世界大戦に向かう時代の空気を活写した長編大河ロマン。

書影　裏

人それぞれの待ちっぷり　　司書のおすすめポイント⑦

人と関係を持ちながら生きていると、待つ経験や待たせた経験は誰もがあると思います。来るかどうかもわからないうさぎを、ただ待ち続けるこの長い物語に身を委ねていると、誰かを持ってた思い出がゆっくり胸に浮かんでくるのを感じます。イライラしたり、待たされてる間でさえも幸せだったり……。思い出は、まるで登場人物たちの待ちっぷりのようにさまざまです。誰かを待っている間にこの本を開くのも、素敵な時間の過ごし方かもしれません。(り)

原作本紹介

32 『ヴェニスの商人』
W・シェイクスピア

イタリアのヴェニスを舞台にした喜劇。1594年から97年の間に書かれたとされる。富豪の娘ポーシャと結婚するために資金が必要なバサーニオは、友人のアントーニオから金を借りようとする。アントーニオは自分の財産が航海中の商船にあり貸すことができなかったので、高利貸しのシャイロックに一時的に金を借りた。条件は期日までに金を返すことができなければ自分自身の肉一ポンドをシャイロックに与えるというものだったが、アントーニオの財産を乗せていた船が難破してしまったため訴訟を起こされる。

『ヴェニスの商人(改版)』
福田 恒存 訳
新潮文庫

33 『アッシャー家の崩壊』
エドガー・アラン・ポー

ポーの短編で、最もよく知られているゴシック小説。旧友のロデリック・アッシャーから彼の家に招かれた「私」は、彼の大きく変わった容貌に驚く。死人のような顔色で目を不思議に輝かせたロデリックは遺伝的な神経の病に侵されていることを打ち明ける。病の大きな原因は、唯一の血縁で重病を長く患っている妹のマデリンが死にかけているからだった。その様子に心を痛めていた「私」はある晩、彼から妹が死んでしまったと告げられる。「私」はロデリックの頼みでマデリンの遺体の入った棺を地下に安置するが、妹の死をきっかけにロデリックの錯乱は増していく。1840年刊。

『黒猫・アッシャー家の崩壊 ポー短編集〈I〉ゴシック編』
巽 孝之 訳
新潮文庫

34 『透明人間』
H・Gウェルズ

SF小説の古典として有名な作品。田舎の旅館に金払いはいいがひどく怪しい男がやってきた。全身に包帯を巻いた男はとても横柄で、宿の夫婦や周囲の人間から疎まれていた。そんなある晩、牧師館に奇妙な泥棒が入った。牧師夫婦は泥棒の声を聞きつけて声のする部屋に入ったが、そこには誰もいなかったという。一方男の不在時に部屋に入った宿のおかみさんは帽子やスポンジ、衣服、椅子に襲われる。彼女は男の部屋に食事を持っていくことをやめ、男が滞納している宿代を請求する。男の言葉から泥棒の正体を確信したおかみさんが詰め寄ると、男は正体を現して……。1897年刊。

雨沢 泰 訳
偕成社文庫

文責：現代書館編集部＋きりえや

35

『チップス先生、さようなら』

ジェームズ・ヒルトン

ブルックフィールドスクールで教鞭をとっていた「チップス先生」ことアーサー・チッピングは、退職後は学校近くのミセス・ウィケットの家で教員時代の生活を振り返りつつ、穏やかな老後を過ごしていた。赴任したばかりの頃の彼は、それなりに尊敬されるものの凡庸な教師だった。彼は休暇中に年が離れた女性キャサリンと出会い、二人は結婚する。彼女の影響を受けたチップスは授業にユーモアを交えるようになり、生徒たちの心を掴んでいく。その後も名物教師として教壇に立ち続けたチップスだったが、やがて学校に戦争の暗い影が落ちてゆくのだった。1934年刊。

白石 朗 訳
新潮文庫

36

『人間ぎらい』

モリエール

過剰に実直な青年が訴訟に負け、失恋するさまを描いた戯曲。誠実さを重んじるアルセストは、愛想よく社交界を渡る友人フィラントの態度に腹を立てていた。友人になりたいと近づいてきたオロントから詩を読んでほしいと頼まれた彼は、駄作だと率直に伝えてオロントを怒らせてしまう。そんな彼が愛しているのは、男たちに色目を使い、悪口が好きな若い女セリメーヌ。彼を心配するフィラントは他に彼に合う女性がいると紹介するが、彼は聞く耳を持たない。セリメーヌと彼女を取り巻く男たちにアルセストが苦言を呈していたそのとき、彼は審問会に呼び出される。1666年初演。

内藤 濯 訳
新潮文庫

37

『肉体の悪魔』

レイモン・ラディゲ

女の子に手紙を書き、旧友からの尊敬を集めていた早熟な少年「僕」。十五歳になった「僕」は1917年の第一次世界大戦の最中に遊びに行った家庭の十九歳の娘、マルトに恋をした。ところが彼女には、ジャックという婚約者がいた。ほどなくマルトとジャックは結婚したが、ジャックは戦場へ行っており不在がちだった。マルトと距離を縮めた「僕」は家族の目を盗んで彼女の部屋に足しげく通うようになり、ついに彼女とキスをする。マルトは「僕」と出会ったことでジャックへの愛情が消え、年の差を気にしつつも「僕」との恋愛に溺れていく。1923年刊。

新庄 嘉章 訳
新潮文庫

原作本紹介

文責：現代書館編集部＋きりえや

『恐るべき子供たち』
ジャン・コクトー

モンティエ広場で少年たちが雪合戦をしていた。ひ弱な少年ポールは、憧れの少年ダルジュロスの雪玉を口と胸に受けて倒れてしまう。ポールの友人ジェラールは彼を心配して家に送り届けるが、そこに現れたポールの姉エリザベートに激しくののしられる。やがて姉弟の病弱だった母親は死亡し、時折ジェラールを加えた子どもだけの暮らしが始まった。エリザベートはモデルとして働くようになり、アガートという少女と知り合う。アガートはなんと、退学となったダルジュロスにそっくりだった。こうして四人の不思議な交流が始まった。１９２９年刊。

鈴木 力衛 訳
岩波文庫

『チボー家の人々』
ロジェ・マルタン・デュ・ガール

八部十一巻から成る大河小説。１９２２年から80年にかけて発表された。チボー家の息子アントワーヌとジャック、ジャックの友人ダニエルの青春と、二十世紀はじめから第一次世界大戦のブルジョア社会の状況を描く。チボー氏は息子のアントワーヌとともに、もう一人の息子であるジャックを探していた。二人は神父からジャックが学校に来なかったこと、彼が怪しい書物を読み、灰色のノートを持っていたことを聞く。ノートにはジャックとダニエル・ドゥ・フォンタナンの筆跡が残されていた。翌朝アントワーヌはダニエルの家に行き、彼が弟とともに家出したことを彼の母親と妹に告げる。

『チボー家の人々
〈1〉灰色のノート』
山内 義雄 訳
（全13巻）
白水Uブックス

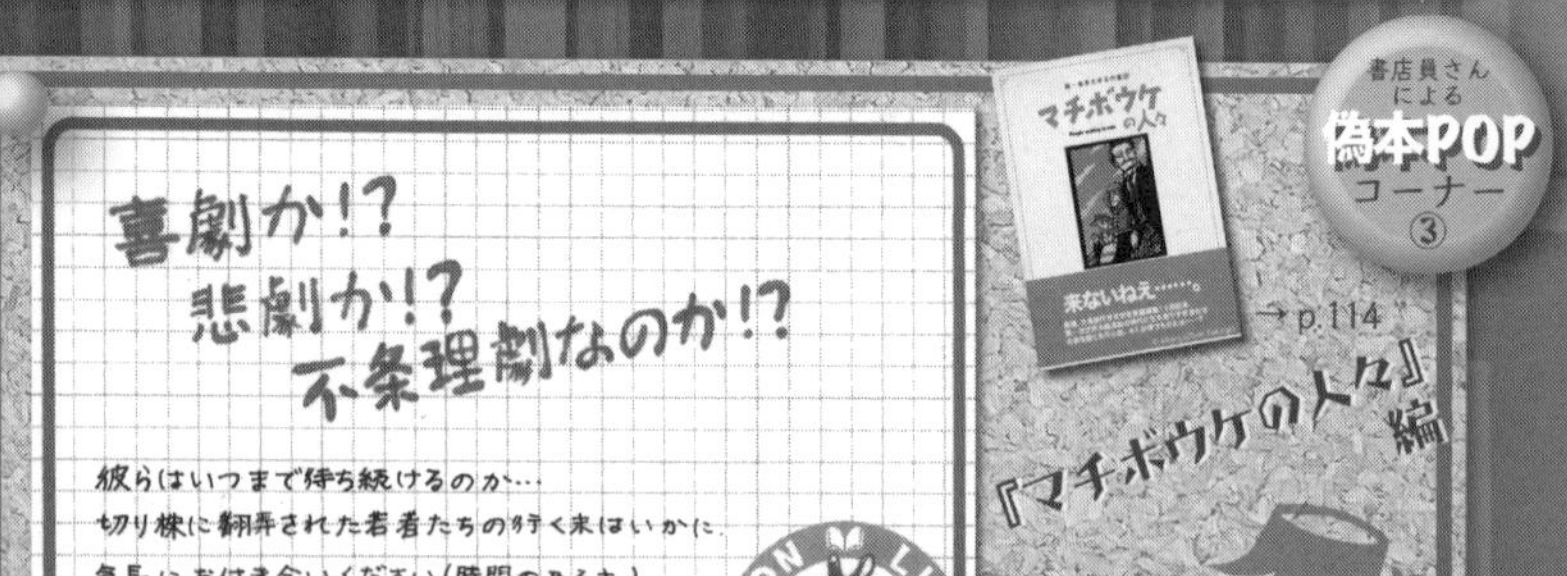

書店員さんによる
偽本POP
コーナー
③
喜劇か!?
悲劇か!?
不条理劇なのか!?
彼らはいつまで待ち続けるのか…
切り株に翻弄された若者たちの行く末はいかに。
気長にお付き合いください（時間のある方）。
「マチボウケの人々」
コロリ転げ！
NISEBON LIBRARY
マチボウケの人々
来ないねえ……。
→ p.114
『マチボウケの人々』編
函館蔦屋書店
宮成さま

偽本エッセイ

身に覚えがない約束のゆくえ

～『チップス先生火曜なら』(p.106)

つる・るるる

「私、火曜日なら大丈夫です」

　生徒のキャサリンから目的語不在の「大丈夫です」を告げられたチップス先生。その瞬間から彼の平穏な日常は、ひたひたと近づいてくる火曜日に怯える日々にとって代わる。火曜日。月曜日ほどの腰の重さはないけれど、まだ平日が半分以上残されている、ほんのりとした絶望感のある曜日。そんな日に、いったい何が。

　直接聞けばいいじゃない、相手は生徒なんだから！

　なんてつっこんではいけない。そこで聞けないのがチップス先生なのだ。堅物ゆえに融通が利かないというか、臆病というか。彼は一人悶々と「火曜日」を調べ始め、並々ならぬ「火曜日」の知識を身につけていく。その一方でぎこちなくキャサリンの動向に探りを入れ、手に汗握り締めて火曜日を待っている。

　たった一言、聞けば済む話なのに。そうチップス先生に呆れていたのだけれど、読み進めていくうちにそれが正解とは思えなくなってきた。約束の内容を確認することで、約束した相手を傷つけてしまう恐れがあるからだ。

　私にも、身に覚えがある。ある日手帳に「Kさん五時、〇〇にて」と記されていたことがある。会う人と時間、場所はわかるけれど、何をするのかだけはわからない。きっと酔っぱらった状態で約束をして、手帳に書いて忘れてしまったのだろう。私はその場所で行われる行事をネットで調べ、メールのやり取りから約束の痕跡を見つけようと躍起になり、結局何もわからないまま当日を迎えた。チップス先生を笑えない。でも本人に確認して「えっ、私との約束忘れちゃったの？」とがっかりさせることだけは避けたかった。当日約束の内容を忘れていることを気取られぬようにKさんについていくと、餃子の食べ放題にたどり着いた。先日呑んだ際に食べ放題の話になり、「いいところ知ってるよ、予約しちゃう？」とその場で日程を決めた記憶がおぼろげに蘇る。五時ならおそらくディナーだろうと小腹を空かせて現地に行って、本当によかった。もしも私がKさんとの約束を事前に確認してしまっていたら、ひょっとしたら彼女はもう私を誘ってくれなかったかもしれない。

　チップス先生がキャサリン本人に約束を確認しなかったのは、彼もキャサリンをがっかりさせたくなかったからという彼なりの配慮だったのかもしれない。結果的にそれが二人の距離を縮めるきっかけになるのだから、身に覚えのない約束も案外悪くはないのかも。

つる・るるる：たまに約束を忘れる酔っ払い。著書に『春夏秋冬、ビール日和』『「お邪魔します」が「ただいま」になった日』がある。何度も借りた本は『火曜日のごちそうはヒキガエル』と『チョコレート・アンダーグラウンド』。

イラスト：きりえや

図書館だより 秋

食欲の秋！

よりどりみどりで食べ放題♪

ホヤうまい！※

『アンクルトムのホヤ』 海外児童文学の棚

（→p.212）

どんぶりうまい！

『どんぶりと山猫』 日本童話の棚

（→p.166）

ワニ料理うまい！

『板場の白兎』 神話・むかしばなしの棚

（→p.142）

ブルジョアうまい！

『注文のおおい料理トップテン』 日本童話の棚

（→p.168）

※ホヤの旬は夏です

トピックス

①うす転がし大会

『さるかにの日』にちなみ当館裏広場で臼転がし大会が行われます。倒した臼の上に乗り、玉乗りの要領で転がしながらどこまでいけるか距離を競う競技で、昨年の記録152ｍが破られるか注目です。（→p.152）

②ききみみ合コン開催

『ききみみ☆ズキュ〜ン』にある「一耳惚れ」は本当に起こりうるのかを検証するためイギリスの調査機関が来日、物語の舞台といわれている当市で実験を行うことになりました。参加者募集中（未婚であれば年齢性別不問）。当日はそれぞれ別室から糸電話のみでお話していただきます。声自慢の皆様、こぞってご参加を。（→p.144）

③オッベル銅像除幕式

戦時中取り壊されたオッベル像が「当市の歴史を語り継ぐ会」有志の手により当館裏の室外機前に三分の一サイズで再建。記念の除幕式に参加してくださる方を募集しています。お土産に象が踏んでも壊れない銅像型文鎮をプレゼント。（→p.170）

特集 日本全国ご当地偽本

東　西　南　北

聖地巡礼。ゆかりの偽本片手にこの秋旅に出ませんか？

甲信越

『二十日鼠と信玄』(文)
『シャトー市』(映)
『真田開閉機』
『信玄椅子』
『信玄の証明』
『透明信玄』
『信玄ぎらい』

『二十日鼠と信玄』表紙画

北海道・東北

『嵐を呼ぶイタコ』(映)
『つかる』(文)

シングルレコード

中国

『ももかろう』(文)
『板場の白兎』

キューポラ
ソフビ

関東

『My姫』
『四谷ガイダンス』
『鬼平参加賞』
『迷子の一葉』(文)
『野菊のばか』(文)
『キューポラのいる街』(映)

四国・九州・沖縄

『フラッシュおうどん』(映)
『リャマがゆく』
『からしがおおか』(文)
『ゴーヤいじり』(文)
『ゴーヤの呼び声』

近畿

『曽根崎珍獣』
『金閣G』
『金のおのおの
銀のおのおの』
『高慢と弁慶』(文)
『高野の七人』(映)
『柳生一族の辛抱』(映)
『四十七人の飛脚』(映)

中部

『金色打者』(文)
『伊豆のホドリゴ』(文)
『次郎長さん酷使』(文)
『2001年普通の旅』(映)
『アンバター』(映)

アンバターケース

※(文)は『きりえや偽本大全』、(映)は『きりえや偽本シネマ大全』掲載

敵に送るなら
上杉印の塩

日本料理
因幡

司書の激推し

『かぐや悲鳴』

武人／悲鳴文学の棚で貸出中

続・世界文学る作選⑩

かぐや悲鳴

Δ%×§★⊿〜!!

（→p.130）

山歩きや旅行など行楽日和の秋、この時期多いお問い合わせとして「飼い猫が珍妙な顔でこちらを見てくる」というものがあります。そんな方に勧めているのが『かぐや悲鳴』。長靴をかいで愕然とした表情を浮かべている猫の絵に、「これこれ、この顔！」とみなさん頷いて借りていかれます。お出かけの多い時期ではあるけれど、愛猫の声なき悲鳴にもちゃんと耳を傾けてあげてください。貸し出し中で当館の書架にない場合は、『長靴をかいだ猫』もお勧めです。（つ）

ファンアートコーナー

タイトル：「長靴をかいだ猫」
by ピアノ弾き

Q&A

Q：好きな子に対して素直になれません。どうしたらいいですか？

A：『信玄ぎらい』があなたの助けになるかもしれません。上杉謙信の武田信玄に対するツンデレっぷりは、きっと好きな子に対してあなたが取るべき態度のヒントをくれるでしょう。いきなり素直になろうとしなくても、相手に思いを伝える手段はあります。謙信のように頑張ってください。（つ）

※今のあなたに最適な本を司書がご案内します。お気軽にお声がけください。素直に聞けないツンデレなあなたのために、館内中央には「ザ・ブックコンシェルジュ（p.50）」パネルも設置しています！

信玄ぎらい

ツンデレ。

『信玄ぎらい』(p.108)
ほか海外文学の棚で貸出中

図書館からのお知らせ

①防犯情報

閉館後の図書館前通路でボヴァリー武人の目撃情報がありました。心当たり、身に覚えのある方は夜間外出はお控えください。（→p.126）

②長い尻尾の猫探しています。

ありえないほど長い尻尾を持つ、変装の得意な猫で、誰の前でもイカ耳です。見かけた方は図書館までお知らせください。（→p.84）

③館内の忍者について。

館内の廊下や天井に、たまに忍者が出没します。仕事中の彼らは、音は絶対に立てず、また手裏剣使用も固く禁じておりますので、害はありません。見かけた方はお気になさらずお過ごし下さい。（→p.100,112）

本日の館長
落ち葉のしおりが
集まりすぎたので
やきいもを焼き
ました。

〈図書館だより秋号　発行：キリラわ佐木図書館〉

006

ジャンル別特集(2)

武人/悲鳴文学の棚

真珠武人
ボヴァる。
エマニエル　Go!
フレーメン反応
同意なし
ああ椿さん

40 真珠武人

しんじゅぶじん

Pearl Warrior

続・世界文学名作選⑩

真珠武人

Pearl Warrior

まづ。

新撰、文庫版世界文学全集続編第6回配本
不義密通者を懲らして回る、真珠武人とは何者か。

映像化作品における武人描写の変遷①（キャラクター編）

幾度となく作られた映像化作品は、時代の影響をモロに受け、それぞれが異なる味わいを持つ。本来無骨で無口。得体の知れない近寄りがたさを持つ怪人だった「真珠武人」も、近作では大手事務所の二枚目俳優がキャスティングされ、彼が怪人になるまでの悲しい過去まで創作されるようになった。これに原作ファンが「『美女と野獣』がこの物語の本質。美男美女しか恋愛しちゃあいかんのか。俺達の夢と希望を返せ！」と猛反発。作品自体のできも悪く、映画は不発に終わる。大手配信サービス制作の最新作では、女性がこの役を演じるのではともっぱらの噂である。

【あらすじ】

富豪の夫に先立たれ、今は自由な恋愛を楽しむ瑠璃子は、ある日サロンで全身を真珠の鎧で覆った武人の噂を耳にする。聞けばその謎の男は海を割って現れ、不義密通者を打擲して去るという。いったい彼は何者か。なぜその姿なのか。そして何が彼をその行動に走らせるのか。気がつくと「真珠武人」のことばかり考えるようになった瑠璃子。相手をより深く知りたいという想い、それも恋だと人は言う。そしてついに、隣家の伯爵夫人のもとに彼が現れた――！

絶対不可能な純愛が読者の心を捉え、繰り返し映像化されたメロドラマの古典。

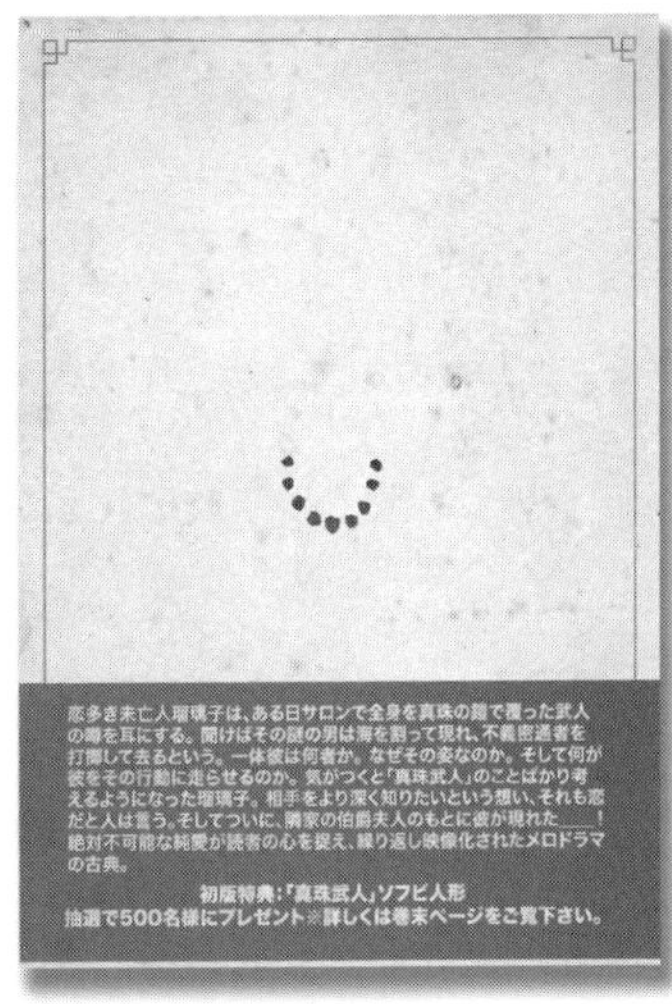
恋多き未亡人瑠璃子は、ある日サロンで全身を真珠の鎧で覆った武人の噂を耳にする。聞けばその謎の男は海を割って現れ、不義密通者を打擲して去るという。一体彼は何者か。なぜその姿なのか。そして何が彼をその行動に走らせるのか。気がつくと「真珠武人」のことばかり考えるようになった瑠璃子。相手をより深く知りたいという想い、それも恋だと人は言う。そしてついに、隣家の伯爵夫人のもとに彼が現れた＿＿！絶対不可能な純愛が読者の心を捉え、繰り返し映像化されたメロドラマの古典。
初版特典：「真珠武人」ソフビ人形
抽選で500名様にプレゼント※詳しくは巻末ページをご覧下さい。

書影　裏

書庫
初版特典
「真珠武人」
ソフビ人形
抽選で500名様に
プレゼント

映像化作品における武人描写の変遷②（映像・特撮編）

幾度となく作られた映像化作品では、武人の造形や登場シーンなどの特撮も見どころの一つである。かつては素朴な寸胴の着ぐるみだった「真珠武人」も、近作ではCGとモーションキャプチャーで、二枚目俳優の面影が窺えるシュッとした麗しい姿に。これに原作ファンが「どう見てもモテるだろこいつ。どこに不義密通者を殴って回る理由がある。バカにしてんのか！」と猛反発。作品自体のできも悪く、映画は不発に終わる。大手配信サービス制作の最新作では、潤沢な予算に物を言わせ過去最大の、体長約５０ｍの真珠武人が誕生するというもっぱらの噂である。

41 ボヴァリー武人

Bovary the Warrior

ぼゔぁりーぶじん

ダダ漏れの、怒りと悲しみ。

続・世界文学名作選㊵

ボヴァリー武人

Bovary the Warrior

名前勝ち。

新撰、文庫版世界文学全集続編第七回配本
堪え切れぬ遣る瀬なさを胸に、男は武人に變化する。

“ボヴァる”

パートナーに浮気をされた者が、怒りの矛先を何故かパートナーには向けず、もっぱらその浮気相手のみに向けること。語源は小説「ボヴァリー武人」から。パートナーを非難すれば自分の行いにも目を向けざるを得なくなるため。恋とは落ちるものだから相手の出現と存在そのものに憎しみの対象が向かう。など理由には諸説ある。類語は「このどろぼう猫！」。

使用例：「昨日のドラマ見た？ 春彦さんめっちゃボヴァってたよね。来週やばいことになりそう」
「いったいなんだこの人物相関図。『好き』と『ボヴァる』の矢印しかないじゃないか……」

【あらすじ】

　開業医シャルル・ボヴァリーは、夢見がちな妻エマが凡庸な自分との田舎暮らしに倦み浮気と浪費を繰り返していたことを知り愕然となる。

　怒りとやるせなさに身を焦がしながらも、愛するがゆえ妻を責められぬシャルル。抑え切れぬ炎に飲まれた彼はやがて武人姿に変化、夜な夜な浮気相手を打ち据えて回る怪人と化してしまう。

　しかし心が満たされぬ限りエマの浮気は収まらず、犠牲者は増えるばかり。不毛な暴力が続く中、ついにエマは平凡と信じた夫の非凡な正体を知ることとなるのだが――。

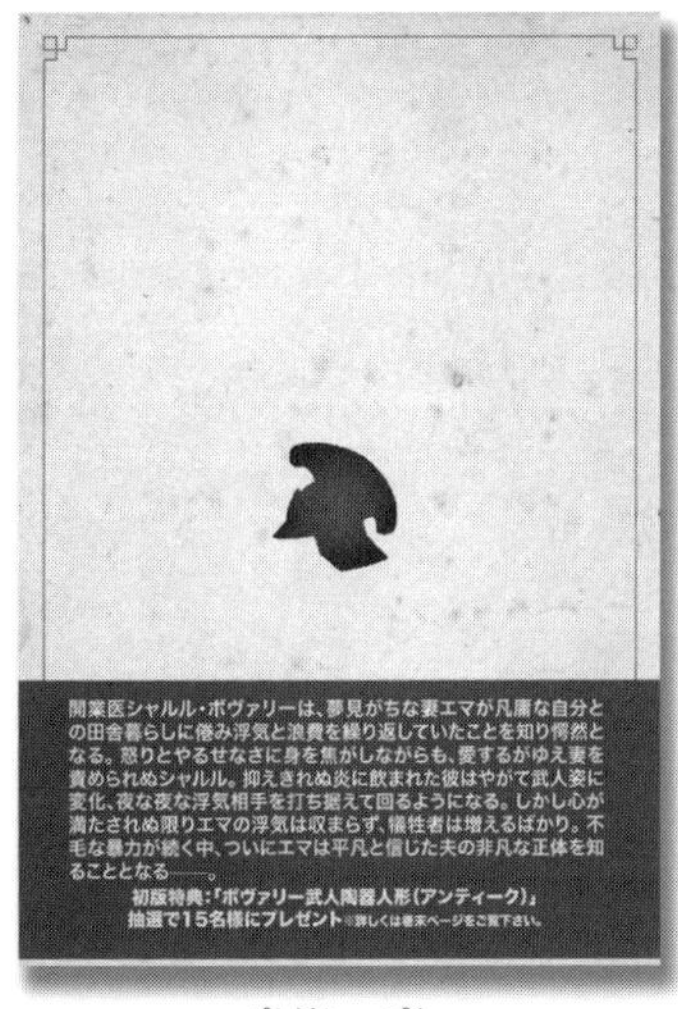

書影　裏

クライマックス（ネタバレ）

「もうやめてシャルル！ 好きなのよ、あなたが」武人は手を止め、信じられぬものでも見たような顔で後ろを振り向く。ガラスの瞳に映るのは愛しき妻、エマの姿。全身から煙が立ち上り、武人は元のシャルルの姿に。抱き合う二人を前に九死に一生を得た浮気相手レオンは「勝手にしろ！」と捨てぜりふを残し走り去った。罪を償おうと自首したシャルルだったが、変化の秘密と引き換えに釈放。訪れた平和な暮らしの中エマは気づく。私が好きなのは変化までして自分のために罪を重ねるシャルルだった。その先にあったはずの「罪人の帰りを待つ貞女」の立場にときめいたのだと。

42 エマニエル武人

Emmanuelle the Warrior

えまにえるぶじん

エマニエル GO！

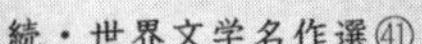

続・世界文学名作選㊶

Emmanuelle the Warrior

動力は愛！！

新撰、文庫版世界文学全集続編第24回配本
博士の趣味100%の機体に地球の未来は託された！

巨大ロボット操縦法

遠隔操縦…AI搭載のロボットに操縦者が外部からリモコンを通じて指令を送る方法。**操縦桿＋音声認識**…最もポピュラーな方法。コクピット内の搭乗者が手動で操縦し、主に攻撃技に関しては音声認識も併用。技名を叫ぶことにより誤作動を防止する。**モーションキャプチャー**…搭乗者の全身の動きをそのままロボットがトレース。肉弾戦以外の技はキーとなるポーズと音声入力でカバー。中の人が疲れると弱くなる。**脳波操縦**…特殊なヘルメットが搭乗者の脳波を増幅、操縦指令に変換する。「エスパーであること」など、搭乗者に資格を要する場合が多い。

【あらすじ】

　侵略異星人の攻撃に地球を守る巨大ロボットは次々と敗北。残された希望は、かつて脳波操縦の危険性から不採用となった、悪魔的天才科学者エマニエル博士の手掛けたロボット一体のみとなる。消息を絶った博士の秘密研究所をようやく突き止め、タイへと向かう防衛隊。しかしそこに横たわっていたのは、試作機とは似ても似つかぬ女神型の巨人であった。不採用に憤った博士が己の趣味嗜好全開で機体を魔改造。コクピットの籐椅子に全裸で座らないと起動しない謎仕様まで施された武人を乗りこなせるパイロットなど果たして存在するのだろうか――。

書影　裏

運命のパイロット（ネタバレ）

迫りくる異星獣を前に、これまで誰一人起動できなかったエマニエル武人が突如として立ち上がる。「いい子だ。頼むぜ、一緒に戦ってくれ……エマニエル、GO!」声の主は落ちこぼれパイロット候補生ジャン。輸送機に忍び込み研究所までついてきていたのだ。「パイロット集中指数、えっ……250です！」ざわめく司令室。「何故だ!? 全裸で心もとない中、何故あいつだけがそんな数値を」うめくマリオ長官に向けおずおずと手を挙げたジャンの幼馴染、オペレーターのマリーが消え入りそうな声で答える。「あの……。あいつ、家にいるときいつも裸族なんです……」

43 かぐや悲鳴

Smelling, Scream

かぐやひめい

続・世界文学名作選㊷

かぐや悲鳴

Smelling, Scream

Δ%×§★⊿〜!!

新撰、文庫版世界文学全集続編第19回配本
薄々わかっていたでしょう？ そういう顔になることは。

Dr.ジューイどうぶつ電話相談室①（「フレーメン反応」については概ね本当）

「あの……うちのねこがあるものを嗅いだら空いた口が塞がらなくなっちゃって……」「ご安心ください。それは『フレーメン反応』です。馬が歯茎を見せて笑うような顔するときありますよね。あれと同じです。『ヤコブソン器官』と呼ばれる嗅覚器官が口の中にありまして、フェロモンや未知の匂いを感じたとき、その器官でより詳しく嗅ぎ分けようとして口が開くわけです」「それでうちの子あんなこの世の終わりみたいな顔を……」「表情は、匂いの強さや個体差などによって異なります。しかしそんな表情するなんて相当ですね。いったい何を……？」「秘密です」〈つづく〉

【あらすじ】

声にならない悲鳴を聞いた気がして玄関へ向かった私は、長靴に手をかけたまま愕然とした顔でこちらを見つめる愛猫と目が合った。弛緩しきった下顎は垂れ下がり、ぽっかり開いた穴のような瞳はこちらに助けを求めているようにも見える。何故嗅いだ？　そして、そんななのか私の靴？　天窓から漏れる月光の中硬直するかわいそうな私のねこ。出来心を行動に走らせるものとは一体なんだろう。抑えきれない好奇心？　あるいは満月がもたらす魔法だろうか。ねこの名はルナ。うちに来た日もこんな月の眩しい夜だった——。

書影　裏

書庫
初版特典
長靴
（左足のみ）
抽選で100名様に
プレゼント

Dr.ジューイどうぶつ電話相談室②

「あと先生、うちの子……嗅いだあとに何度かくしゃみして、それから頭を振ってよろめいたんです……」「おそらく刺激が強すぎたためでしょう。大抵はもう懲りて自分からは近づかないとは思いますが、念のためにおいのもとは遠ざけておいたほうが、猫ちゃんのストレスにならず、幸せに暮らせるかと思います。ご心配の件、これで解決しましたでしょうか」「あの…もう一つだけ気になったことが……」「なんでしょう？」「実はよろめいたあと、もう一度嗅ぎに行こうと……」「完全にジャンキーです。今すぐ引き離してください。いったい何を嗅がせればそんな……？」「秘密です」

44 眠り悲鳴

Shriek of sleep

ねむりひめい

最悪の目覚め。

続・世界文学名作選㊸

眠り悲鳴

Shriek of sleep

夢でなに見た!?

新撰、文庫版世界文学全集続編第19回配本
100年の眠りを覚ますえげつない悪夢。

指さすバク

12人目の魔法使いによると……

「お目覚めね。王女様」現れたのは、100年前祝宴に招待されたほうの魔法使い。王女にかけられた眠りの魔法は解けなかったが、その代わりに悪夢を食べる貘を与えたという。「でも私、今すっごい悪夢で目覚めたんですけど……」「おかしいわね。ちょっとあなた」カーテンの裏から現れた貘は、何やらしきりに首を横に振っている。「それは夢と違うですって!?」「あのう、終わったんで僕そろそろ……」帰ろうとする掃除当番を貘は指差し、それから床に転がる割れた王冠を指し示す。気まずい空気が部屋に漂った。

【あらすじ】

「金の皿が足りなかった」というささいな理由で王女誕生の祝宴から仲間外れにされた魔法使いは、報復として王女と森を長い眠りにつかせる。百年後、噂を聞きつけた他国の王子が城に侵入。発見した王女の美しい姿に思わず口づけをしようとした瞬間、悲鳴とともに跳ね起きた王女に頭突きを食らい後ろの壁に叩きつけられる。

「あ、ごめんなさい！　お城に忍び込んだ見知らぬ男が同意もなくいきなり私にキスしようと迫ってくる夢を見たものだから……。あなたどなた？」

王冠を失い額から血を流した王子は答える。

「わ、私は……ここの掃除当番です」

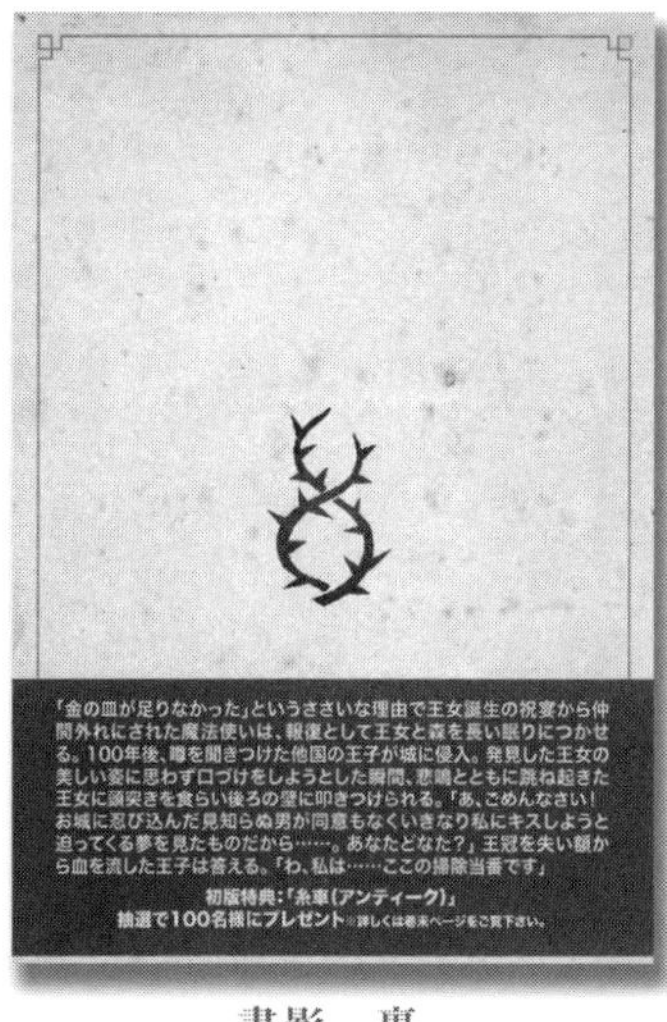

書影　裏

異聞

本作品には様々な異聞が存在し、中には王子が同意なき口づけを成功させてしまうものもある。その場合の代表的パターンとして ①口づけをしたとたん、今度は王子が100年の眠りに落ちてしまうもの ②互いの中身が入れ替わり、王子の体を手にした王女が代わりに国を治めるもの、の二つが特に有名だが、どちらも結末は王子が望むものではなく、相手のことを考えず、衝動にまかせてとった行動がどのような結果を招くかを示す厳しい内容となっている。近年、スキンシップにおける相互同意の大切さを学ばせる恰好のテキストとして、改めて注目を集めている。

45 椿悲鳴

Un ronin nommé Tsubaki

つばきひめい

巴里へ。

続・世界文学名作選㊹

椿悲鳴

Un ronin nommé Tsubaki

なにがあったんだ!!

新撰、文庫版世界文学全集続編第23回配本。
絶叫後、椿さんが向かった先とは。

椿さん新７つの誓い

①折れた眼鏡のつるは合格するまで直さない。(今は100均の瞬間接着剤で補強)
②鉛筆は、限界まで削って使う。(残った努力の跡は一升瓶に保存)
③暗記は必ずノートに書く。　④酒は飲まない(特に赤ワイン)。
⑤好物のエスカルゴ断ち。(一度しか食べたことがない)
⑥毎朝神社へ合格祈願。(最近では「あそこひょっとしてご利益ないんじゃ」と噂に)
⑦もう恋なんてしない。

※参照:「椿さん７つの願掛け」(『きりえやシネマ大全』p.18『椿さん十浪』脚注)

【あらすじ】

普段静かな下宿に響き渡るこの世ならぬ叫び声。声の主は今年十五年目になるベテラン浪人椿さん。手の中にあったのは、マグリットと名乗る女性からの手紙とパリ行きの航空チケットであった。

「あなたについての国際ニュースを私は見ました。夢を諦めないその姿は私に生きる力を与えてくれました。そのお礼として、パリオペラ学校の入学資格を差し上げます。是非一度お会いしたく存じます」――。

夢は自力で掴みます。その一言を告げるためパリに旅立った椿さんの珍道中と淡い恋。日本中がそんなことより勉強しろよとつぶやいた、『椿さん十浪』涙の続編。

書影　裏

書庫
初版特典
GETA
（フランス製アンティーク）
抽選で100名様に
プレゼント

出さなかった手紙

こんな異国の、まだ何者でもない男に良くしてくださって感謝します。飛行機も、外国も、それに下宿のおかみさん以外の女性と食事したのも、はじめての経験でした。「あなたはこの国では大学生だから」と勧められるまま酒を飲み、羽目を外してすみません。僕の歌声に目を丸くしたあなたの顔が忘れられません。道中自分は受験生だと何度も心に言い聞かせていました。楽しんではならないと。しかし長いトンネルの中にいても、まばゆい光が見えることだってある。それも人生の素晴らしさだと思えるようになった気がします。最後に。僕はもう一つ誓いを破りました。あなたに、恋をしていました。　椿

原作本紹介

40

『真珠夫人』

菊池寛

菊池寛による通俗小説。１９２０年大阪毎日新聞・東京日々新聞に連載。自動車事故に会い、相乗りした青年を看取ることになった渥美信一郎は、遺言に従い形見の時計を気高く美しい貴婦人、荘田瑠璃子に届ける。しかし彼女は亡夫の遺産でサロンを経営、そこに近寄る男を次々に破滅へと導く「妖婦」であった……。

運命に翻弄された元華族令嬢が、恋人への純潔を守りつつ男の論理に染まった社会に復讐を挑む姿が大反響を呼び、その後の新聞小説・通俗小説の有り様に多大な影響を及ぼした。映画やドラマ、映像化作品の多さでも知られる。

『真珠夫人 上巻』
（上下巻）
新潮文庫

41

『ボヴァリー夫人』

ギュスターヴ・フローベール

フランス写実主義小説の先駆けとなった作品。医者のシャルル・ボヴァリーと結婚した夢見がちな娘エンマは、野心のない夫との平凡な生活に退屈していた。旅館の常連のレオンと出会った彼女は互いに惹かれ合うが、レオンは彼女を諦めパリへ発つ。ある日エンマはロドルフという男に口説かれ浮気を楽しむようになる。恋人との日々や高級品をつけで買う喜びに目覚めた彼女だったが、ロドルフに駆け落ちを拒絶されショックを受ける。気晴らしに出かけたルーアンでエンマはレオンと再会し、逢瀬を重ねるようになる。一方彼女の借金は膨らみ、ついに差し押さえの通知が届く。１８５６年刊。

芳川 泰久 訳
新潮文庫

42

『エマニエル夫人』

エマニエル・アルサン

１９７４年に映画化され世界的なヒットとなった作品。パリから夫のいるバンコクへ向かう飛行機で、美しい人妻のエマニエルは隣の座席に座った男と、裸の彼女を見た美男と機内で情を交わす。彼女はスポーツ・クラブで伯爵夫人のアリアンヌや若い娘マリー・アンヌと出会い、性経験を話すようにせがまれる。彼女たちと交流を深めていったエマニエルはある日、マリー・アンヌの家で出会った美女ビーに心を惹かれる。別の日に彼女はビーを食事に誘い、彼女を愛撫する。それを聞いたマリー・アンヌは、大使館のレセプションで彼女にイタリア人のマリオを紹介する。

文責：現代書館編集部＋きりえや

『かぐや姫』

作者未詳

『竹取物語』として知られ、現存する日本最古の物語として有名。昔、竹取の翁と呼ばれる男がいた。ある日翁が竹林に出かけると、一本の光り輝く竹があった。不思議に思って近寄ると、竹の中に小さな女の子が座っていた。翁はその子を連れ帰り、妻と二人で育てることにした。その子はみるみる大きくなり、たった三か月ほどで美しい女性に成長した。かぐや姫と呼ばれる彼女の美しさは有名になり、やがて多くの男性から求婚されるようになった。かぐや姫は縁談を断り続けたが、それでもなお彼女を恋い慕う男性が五人。そんな彼らに、かぐや姫は無理難題を投げかけて……。

43

『かぐやひめ
(復刊・日本の名作絵本2)』
円地 文子 文
秋野 不矩 絵
岩崎書店

『眠り姫』

ヨーロッパ民話

『眠れる森の美女』『いばら姫』としても知られる。フランスのペロー童話およびドイツのグリム童話の一作品として有名。王女の誕生を祝う会で魔女たちが姫に祝福の言葉をかける中、招待されなかったことを恨む一人の魔女がやってくる。魔女は姫に糸車のつむに刺されて死ぬ呪いをかけるが、次に祝いを述べた魔女が「死ぬのではなく百年の眠りにつく」と呪いを修正。呪いが実現することを恐れた王は、国中の糸車を焼き払った。やがて美しく成長した姫はある日、糸を紡ぐ老婆に出会う。糸車に手を伸ばした彼女は誤って指を刺し、深い眠りに落ちてしまう。

44

『グリム童話 ねむりひめ』
グリム 作
フェリクス・ホフマン 絵
せた ていじ 訳
福音館書店

『椿姫』

アレクサンドル・デュマ・フィス

ヴェルディのオペラが有名な作品。椿姫と呼ばれた高級娼婦マルグリット・ゴーティエの遺物の競売で『マノン・レスコー』の本を競り落とした「私」のもとを、青ざめた顔の背の高い男が訪ねてきた。アルマン・デュヴァルと名乗った彼は、別の日の夕暮れに「私」に彼女との馴れ初めを語り始める。ある日アルマンは、マルグリットに強烈な一目惚れをした。距離を縮めた彼は、病身にもかかわらず派手な生活を続ける彼女への心配と愛を打ち明け、マルグリットも彼のひたむきな心に胸を打たれる。ところがそれを快く思わない彼の父は、アルマンに彼女と別れるように迫る。1848年刊。

45

新庄 嘉章 訳
新潮文庫

「私が好きな一冊」〈読者アンケート・一般書編〉

注：本当に集計しました。ご回答下さいました皆様、ありがとうございました。

03 三四浪

椿さん、頑張って欲しいです。（オーガキヤコ／アートラッシュ）

なぜだろう… 椿さんの事を考えると呼吸困難になりそうなほど、息苦しくなります。（春が好き／無所属）

05 金閣G

超合金を作って欲しいくらいにカッコいい！（村上あき akizm／invisible staff）

なんでだよ!! と思わず突っ込まずにはいられなかった。インパクト最高！！！！（バクちゃん推し／世界の果て）

06 堕落クローン

クローンではないけれどとても共感できました。今夜はゆっくり寝たいと思います。（夜野／元文芸部）

07 ヴィヨンのくま

伸びるくま、怖いけど遠くから見てみたい！（戌亥／ARMY）

09 叔父記

おじさん出た〜！ 相変わらずしれっと登場。おじさんのルーツを探れっ。（青嵐堂／織り人）

10 曽根崎珍獣

大きな獣は無言で人助けしてるんですね。私も会いたいです！（珍獣好き／切り絵教室）

珍獣かわいい。（いなだゆかり／珍獣好き）

11 四谷ガイダンス

お気に入りのエリアを、こんな有名な方に案内していただけるなんて！（飼猫REI／計器大好き）

12 鬼平参加賞

当たらないほど燃えてしまう気持ちがわかりすぎる！（泣）（栗原モナコ／フリーのちんどん屋）

絶妙で完璧なタイトルが最高！何度でもタイトルコールしたくなる心地よさ（笑）カランカラン（グラビアアイドル／本屋ともひさし）

18 バスかビル系の犬

おどろおどしい文字と深刻なホームズからのこの魔犬！ 発想にやられました。（探偵志望／ねこ部）

バスかビル系ってなに？？（あれっくす／ジュンク堂書店池袋本店）

19 信玄椅子
信玄の感じた、重さ暑さ気持ちの悪さ。私ももし椅子になったら…と想像するゾクゾク感がたまらない！（志麻／うさぎ好き）
信玄シリーズの中でも一番インパクト大なのがこちらかと。お茶目な信玄のその後がとても気になります。（ram／山梨県人 うさぎのお世話係）

20 屋根裏のサンポーニャ
屋根裏という背徳の地で、競鳴する尺八とサンポーニャ！意思疎通、難解、且つ爽快！（JT／うどん県）

21 Wのひげ
おくち、可愛い！！Yの悲劇も読みたくなっちゃう！（健ちゃんのおくちもY！／幸せになりましょう！の会）
可愛いから。（イーヨー／きりえやさんのファン）

26 浮きよさらば
タイトル、表情、帯の三段活用がストライクです！（どしふん萌え／お祭り好き）

31 白い犬とはルッツを
冷え切った心を癒やす力と驚異の身体能力…まさに理想のパートナー！愛は種を超えるのです（たぶん）（モフ博愛主義）

45 椿悲鳴
それでも自力で頑張る椿さん 涙なしにはいられません きっと来年こそは！（Kay ya／椿さん応援団）

挿絵
ギャラリー
3

『椿悲鳴』抜粋

絞り出すような声で椿さんは言った。

「私が……、私がくぐりたい門は、この門じゃあないんです」

007

児童書（国内）

神話／むかしばなしの棚

# おすすめはワニ料理	# 俺の本名を言うな
# 声が9割	# 戦慄のサバイバルスリラー
# 寝覚めスッキリ	# きゃつらはわれらが追い払う
# 地蔵限定物件	

46 板場の白兎

White Rabbit in the Kitchen

いたばのしろうさぎ

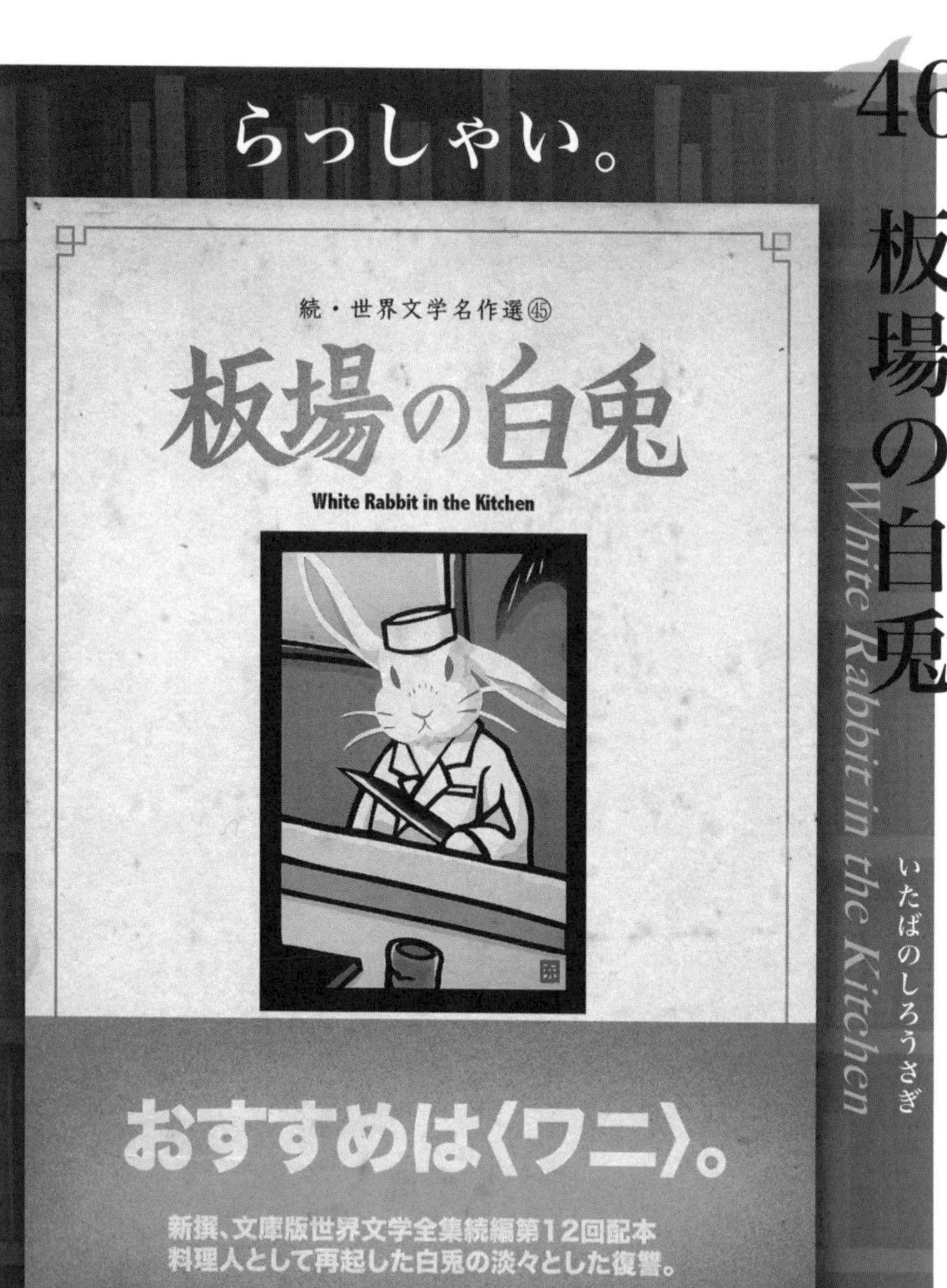

らっしゃい。
統・世界文学名作選㊺
板場の白兎
White Rabbit in the Kitchen
おすすめは〈ワニ〉。
新撰、文庫版世界文学全集続編第12回配本
料理人として再起した白兎の淡々とした復讐。

グルメ探訪　日本料理「因幡」

古来からの料理法を基にしたオリジナル料理が光る日本料理店「因幡」。寡黙な板長自慢のメニュー「数比べ」は鍋にはった出汁を海に見立て、丁寧に下ごしらえしたサメ肉を並べ浮かべたもので、手前から順に数を数えながら口に入れるのが正しい食べ方とのこと。サメ肉の加工にはこだわりがあり、まず新鮮なサメの皮を乱暴に剝ぎ取り、残った身に海塩を浴びるほどかけて擦り込んだものを山の頂に広げ、強い風と日光を浴びせながら三日三晩放置。水洗いしたものを使用する。そうすることで味の怖さが薄れ、すっきりとおとなしくかつ滋味あふれる味わいになるという。

【あらすじ】

「へい。らっしゃい。ご予約の大國主様御一行ですね。こちらへどうぞ」

「当店のおすすめは〈ワニ〉料理となっております。まずは前菜のヒレのスープです」「言い忘れましたが、お熱いのでどうぞお気をつけください」

「口の中を火傷して皮が剝がれた？　それは大変。それではささ。どうぞ早くこちらをお含みください」

「何やらお苦しみのご様子、なんですと？　まさかまさか。毒など盛ろうはずがありましょうや。こちらは傷に効くと以前お伺いした、単なる濃いめの塩水にてございます」

「へい。らっしゃい」「ご予約の大國主様御一行ですね。こちらへどうぞ」「当店のおすすめは〈ワニ〉料理となっております。まずは前菜のヒレのスープです」「言い忘れましたが、お熱いのでどうぞお気をつけ下さい」「口の中を火傷して皮が剝がれた？ それは大変。それではささ。どうぞ早くこちらをお含み下さい」「何やらお苦しみのご様子、なんですと？ まさかまさか。毒など盛ろうはずがありましょうや。こちらは傷に効くという、単なる濃いめの塩水にてございます」
初版特典：「フカヒレ（B級品）」
抽選で12名様にプレゼント※詳しくは巻末ページをご覧下さい。
書影　裏

書庫
初版特典
フカヒレ
（B級品）
抽選で12名様に
プレゼント

兎の復讐（実話）

「あとで遊んだげるからね、ナナさん」と声をかけていたことを思い出したのは、すでに大惨事が起こった後のことだった。創作に没頭しすぎると他のことに気が行かなくなり、テキトーでいい加減な口をきいてしまうのは僕の悪いところだ。その日ナナさんは、掃除のためケージを開けた途端、ドアが半開きだった（そこのところも抜けていた）仕事部屋に脇目も振らず突入。迷わずスキャナーの電源ケーブルだけを噛み切った。現時点でどれが僕に一番ダメージを与えられるのか知ってたようなセレクト。みなさん、うさぎとした約束はちゃんと守りましょう。

47 ききみみ☆ズキューン

Tapping Zuquuuuuun!

声が9割。

ききみみ★ズキューン

Tapping Zuquuuuuun!

イケボ。

新撰、文庫版世界文学全集続編第19回配本
声に恋する乙女の耳に、言ってる内容入らない。

急展開が過ぎる（ネタバレ・あらすじ直後のシーンから）

「僕は泥棒だ。この家が危ない！」「どうしていきなりそんなことを？」「それは、君に一目ぼれしたからだ！」「その声で、そんなセリフを、私に……ふぅ」「あ、かわいい……。いや二人でクラクラしている場合じゃない。奴らは今晩来る。どうにかしないと」
「なんだなんだ。話が弾んでおるようだの」「お父様！」「実はかくかくしかじかで……」「そうなの。力を貸して、お父様」「……ふ、ふぉっ！？」

【あらすじ】

旅先の宿で漏れ聞こえる押し込み強盗の計画を聞いたとたんに倒れてしまった庄屋の娘。連れ帰ってもいっこうに治らない娘の様子に困り果て、庄屋は近隣に「娘の病を治した者に、望みの褒美を与える」との触れを出す。やがて現れたある若者、実は件の強盗のひとり。盗み先の下見と、娘が計画を聞いたかどうかを確かめに来たのだが、様子を窺うその声を聞くが早いか娘は飛び起き、駆けつけるなりこう言った「あなただったんですね！　あの声の主」――。

一途な想いが世界を変える、一耳ぼれの物語。

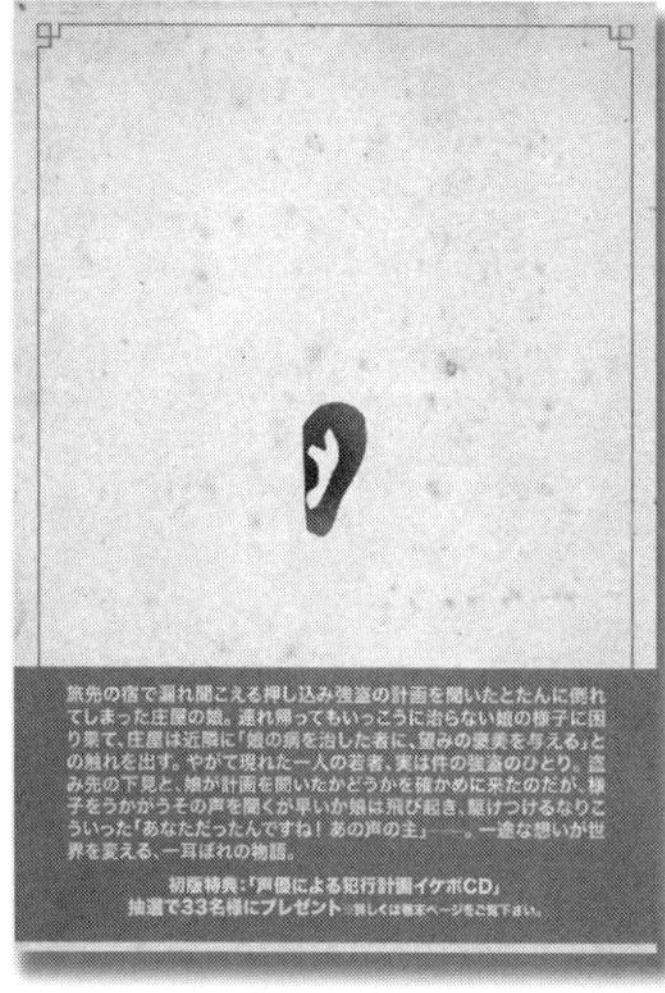

書影　裏

書庫

初版特典

声優による
犯行計画イケボCD

抽選で33名様に
プレゼント

裁きの場にて（ネタバレ）

「これより沙汰を申し渡す。その方、他の者ども同様遠島のところ特別に罪を免じ、江戸へ所渡りとする。近頃近隣を騒がせておった『いい声義賊』とはその方に相違あるまい。幕の後ろの村人たちが、この声で間違いないと申しておる。盗人一家に生まれた罪滅ぼしのつもりであろうが、施すもとは盗んだ金、罪は罪じゃ。ときに後ろの証人を誰が集めたと思う？ そこの庄屋じゃ。娘を悲しませたくない親心、無駄にしてはなるまいぞ。知人で江戸に長唄の師匠がおる。そこを頼れ。よいな、良い声は良いことに使うのだ。泣くな庄屋。江戸で娘とふたり達者に暮らせ。これにて一件落着！」

48

三千年だろう

3,000 years, right?

さんぜんねんだろう

スッキリ。

統・世界文学名作選㊼

三千年だろう

3,000 years, right?

あーよく寝た。

新撰、文庫版世界文学全集続編第20回配本
三千年の眠りから目覚めたミイラがしたことは？

ミイラの呪い？

マミー、マミファイ、マミフィケーション……。ミイラ関連の語彙の異常な豊富さから見ても、イギリス人はそうとうミイラが好きだ。しかしどれだけ愛を注いでも、相手が振り向いてくれるとは限らない。立場を変えて考えてほしい。平和に寝ていたところを、無断で寝室に押し入られ、いきなり布団(棺桶)を剝がされる。芸能人でもない限り、そんなドッキリ誰でも怒る。寝起きが悪い人ならなおさらなのに、それを呪いなどと言われてはたまったものではない。本作品に登場した彼のような、朗らかで親しみやすい人などごくごく一部、頭抜けて珍しいタイプであることは、肝に銘じてもらいたい。

【あらすじ】

「あ〜よく寝た！」埋葬室にたどり着いた大英博物館調査隊の目前で自ら蓋を開け目覚めたミイラ。「ねえ僕どのぐらい寝てた？」「お、恐らく3000年以上かと……」「あー寝すぎちゃった。包帯に寝癖ついてない？」異常に朗らかな彼はその後「友だちを探す」「痛いことをしない」条件で発掘調査並びにミイラ研究に全面協力。予算削減のため政府がふっかけてくる数々の無理難題には太古の知恵で対抗し、後のエジプト学発展に大いに貢献した。

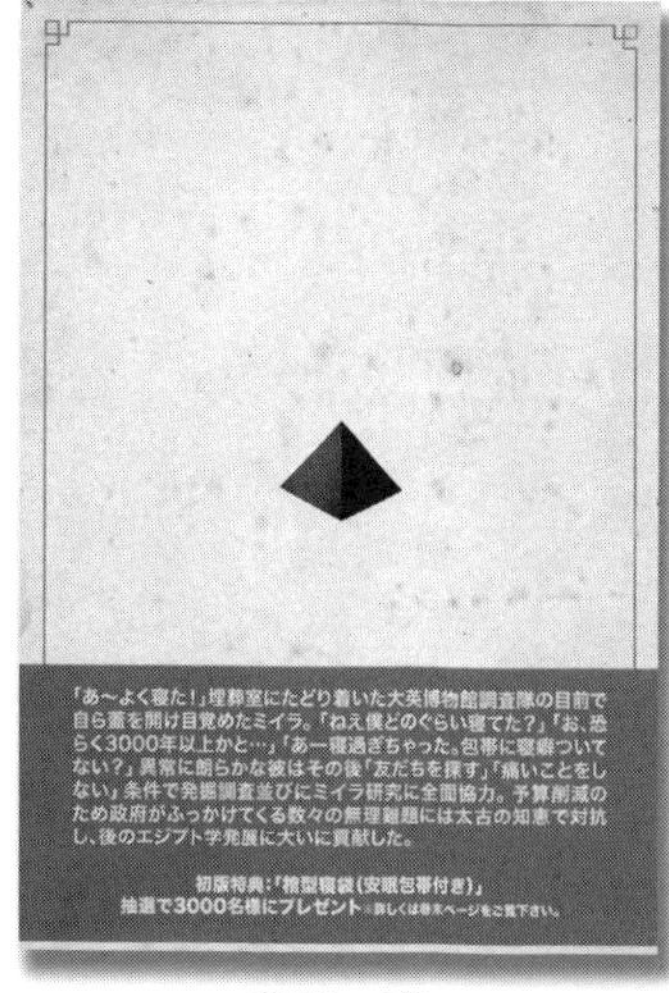

書影　裏

木乃伊取りも木乃伊（みいらとりも　みいら）

（『きりえやかるた』より。※本作品の原型）

〈解説〉

仲間がほしいのだろうか。 先の発掘により三千年の眠りから覚まされたマミー西川氏（2842歳）は、考古学研究所の調査に協力する傍ら、趣味の発掘に余念がない。

49 カーサ地蔵

Casa Jizo

かーさじぞう

楽しい我が家。

続・世界文 名作選㊽

カーサ地蔵

Casa J ou

地蔵限定物件。

新撰、文庫版世界文学全 続編第１２回配本
居場所失った地蔵たちの 住の地。床抜け防止工事済み。

成長する地蔵物件

高度成長期、開発で行き場を失った地蔵たちのため、郊外に次々と地蔵ニュータウンが誕生。活況を呈した。時は流れかつてのニュータウン周辺は人口が減少、高所が多い地理的要因も手伝い深刻なお供えもの不足に陥る。その打開策こそが、都心に建てた超高層マンションに過疎集落の地蔵たちをまとめて移住させるという「地蔵タワマン計画」であった。昨年ついに、地上60階、地蔵用エレベーター（積載5,500kg）完備の試験塔３棟が多摩川沿いに完成。周りに高層建築が何もない異次元的光景は、怪獣映画のロケ地に使われたことで一躍有名となった。

【あらすじ】

行商の帰り道、誰にも顧みられず雪に埋もれた地蔵たちを目にした傘売りのお爺さん。「彼らに必要なのはその場しのぎの傘ではない、屋根のある住居だ」と思い立ち、近頃目立つようになった村の空き家に地蔵たちを案内。その後口コミから村の空き家はすべて近隣から来た地蔵たちで埋まることとなり——。

居場所を失った地蔵と住人をなくした空き家との幸福な出会い。日本中の石仏が涙した希望の物語。

行商の帰り道、誰にも顧みられず雪に埋もれた地蔵たちを目にした傘売りのお爺さん。「彼らに必要なのはその場しのぎの傘では無い、屋根のある住居だ」と思いたち、近頃目立つようになった村の空き家に地蔵たちを案内。その後口コミから村の空き家はすべて近隣から来た地蔵たちで埋まることとなり——。
居場所を失った地蔵と住人を無くした空き家との幸福な出会い。日本中の石仏が涙した希望の物語。
初版特典：「地蔵タワマン1006号室（エレベーターなし）」
抽選で1名様にプレゼント ※詳しくは巻末ページをご覧下さい。

書影　裏

書庫
初版特典
地蔵タワマン
1006号室
（エレベーターなし）
抽選で1名様に
プレゼント

仁義なき着せ替え

「すべての地蔵に毛糸の帽子を」と謳う全国組織・あみあみ宗は、高齢女性を中心とした有志団体である。その歴史は古く、一説によればかの「傘地蔵」の爺さまもその一員であったらしい。しかし戦後「一年中毛糸の帽子など地蔵虐待だ。地蔵にも服装の自由を！」と主張する一部があみあみ真宗を名乗り独立。キャップなど季節に合わせた服装を地蔵に与える活動を始める。最近そこに新興の「そもそも何故かぶらせる？ 地蔵にあるがままの美を」と唱えるSDJs(持続可能な地蔵の幸せを望む会)が参入。現在町のそこかしこで三つ巴の苛烈な争いが繰り広げられている。

50 大工と鬼Rock

Carpenter and Demon Rock

だいくとおにろっく

カモン！

新撰、文庫版世界文学全集続編第13回配本
異色のカリスマロックユニット。
その誕生を描く公認ノンフィクション。

第1章「結成」より、大工の証言。

「日本のロック界の荒波を越えるため、もっともっと上手くなりてえと思ってたギター小僧の頃、悪魔の声が聞こえたんだ。『お前の目玉をよこせば代わりにテクニックを授けてやる』。もちろん俺は答えたさ『喜んでくれてやる』ってな。こうして俺はギタリストになった。だがあとから気づいたことがある。指と耳なら自信はあるが、残念ながら俺には声の持ち合わせがない。そんなときだ。あいつの歌声を聞いたのは。まだその頃はアイドル扱いされてたっけ。だがあいつと組めば、必ずロックとポップスの両岸に橋をかけられる。そう直感して、俺から声をかけたんだ……」

【あらすじ】

大人気ロックユニット、大工と鬼Ｒｏｃｋ。ボーカル・作詞担当の鬼（本名非公表）と、盲目の天才ギタリスト兼作曲担当の大工。水と油のように個性も性格も真反対の二人が、なぜ奇跡のユニットを組むに至ったのか。その誕生秘話とそこから始まるの栄光の日々を丁寧にたどった公認ノンフィクション。

二人の出会いの場である「橋」は、ファンの間では聖地と呼ばれ、今も巡礼者が絶えないという。

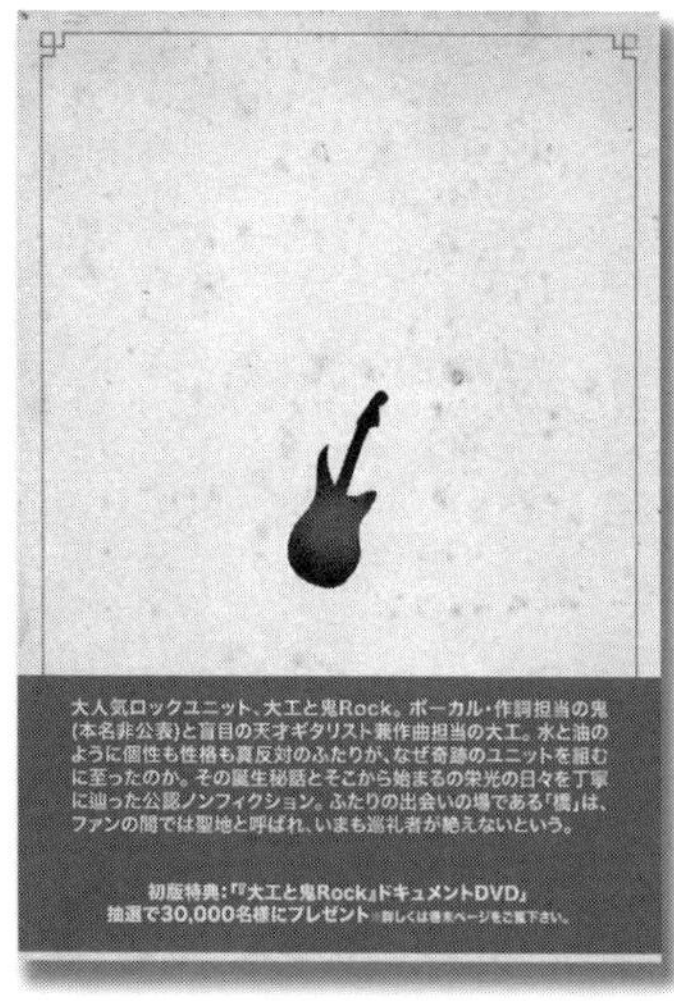
大人気ロックユニット、大工と鬼Rock。ボーカル・作詞担当の鬼(本名非公表)と盲目の天才ギタリスト兼作曲担当の大工。水と油のように個性も性格も真反対のふたりが、なぜ奇跡のユニットを組むに至ったのか。その誕生秘話とそこから始まるの栄光の日々を丁寧に辿った公認ノンフィクション。ふたりの出会いの場である「橋」は、ファンの間では聖地と呼ばれ、いまも巡礼者が絶えないという。
初版特典：『『大工と鬼Rock』ドキュメントDVD』
抽選で30,000名様にプレゼント ※詳しくは巻末ページをご覧下さい。

書影　裏

書庫
初版特典
『大工と鬼 Rock』
ドキュメント DVD
抽選で30,000名様に
プレゼント

第 10 章「解散。そして……」より、鬼の証言。

「解散に関していろいろ言われてるのは俺も知ってるさ。『蹴り上げたシンバルがドームの天井を破ったときの補償費で揉めた』だって？ 馬鹿馬鹿しい。あいつも俺もそんな小さい男じゃない。解散の理由はよくある音楽性の違いってとこ。だが、きっかけは別にある。つまらねえことで言い争いになったとき、あいつは俺の本名を口にしやがった。それが許せなかったんだ。お互いまだ若くて尖ってたからな。それっきりで解散になっちまった。だが今、たった２日間だけでもこうしてまた組めてるんだ。昔のことは昔のこと。もうそれでいいんじゃねえか？(笑)」

51 次は、誰がくる？

さるか、にがさん

Monkey, we will never let you go

続・世界文学名作選㊿

さるか、にがさん

Monkey, we will never let you go.

一個の柿が招いた恐怖

新撰、文庫版世界文学全集続編第四回配本
猿が体験する恐怖の一日。戦慄のヴィレッジスリラー。

聞く耳をもたない世界（ネタバレ）

「ははのかたき！」「蟹のかたき！」口々に叫びながら猿を囲み、崖まで追い詰める村の面々。「あの。すみません。そこにいるのひょっとして、かにのお母さんじゃないですか？」「……わたしのかたき！」「いや生きてるし！ 怪我もしてないし。ひょっとしてお子さんの早とちりじゃ……」「お前はうちの子がウソつきだとでも言いたいのかいっ!?」「いやだって元気じゃん！」「ははのかたき！」「蟹のかたき！」「わたしのかたき！」「ダメだぜんぜん話が通じない。この村は……狂ってる！」「右下の木につるがあります。そこから逃げて」雀が近寄りこう告げた。〈つづく〉

【あらすじ】

かぶりついたら固かった、柿をほうっただけなのに……。

訪れた村で不用意に食べかけの柿を捨てた猿は、「木の下にいた親を傷つけられた」という子蟹の言葉を鵜呑みにした村人全員から命を狙われることとなる。蜂が、栗が、そして臼が。およそ脈絡のない面々からの襲撃を間一髪でかわした猿は、味方不在の村からの決死の脱出行を試みるが——。

日本中を震わせた戦慄のサバイバルヴィレッジスリラー。君は、生き延びることができるか？

書影　裏

境界の恐怖（ネタバレ）

崖下の坂道まで逃れた猿は、雀から村から出れば呪いは解けると教えられる。そこへ現れた最後の刺客・臼。転がりながら、猿目がけて一直線に迫り来る。必死の猿は、すんでのところで飛び上がり臼の上へ。そのまま玉乗りの要領で転がし続け坂下の村境まで一気に下りおりた。茶屋の壁に突き刺さり動かなくなる臼。助かったのだ。雀と涙ながらに喜びを分かち合う猿。だが彼は知らなかった。先月の大合併で村は巨大な町の一部となり、境界も変化していたことを。誰も見ていぬ茶屋の壁で、もっそりわずかに臼が動いた……。

52 姥ステイ山

Old women stay in the mountains

うばすていやま

生きる。

続・世界文学名作選51

姥ステイ山

Old women stay in the mountains

住めば都。

新撰、文庫版世界文学全集続編第17回配本
自分らを捨てた村を救いに舞い戻る婆たち。

姥捨連合軍を率いる9人の山姥①

①**イチ**…動物使い。遅れて山に入ったが、山の主である大狐と心を通わせる。里で出す機会を持たされなかった深い智慧と決断力を、山では存分に発揮。やがて姥捨軍を率いるようになる。②**鷹婆**…最長老の参謀。鷹を乗りこなし、空中から指示を出す。見た目はほぼ骨と皮だけ。イチを首領に任命する。③**火婆**…武器担当。「女だから」と学問を禁じられていたため、発明はすべて独学。火遊び好き。④**蟲婆**…あらゆる虫を操る予言者。幼少時よりその能力を気味悪がられ、捨てられるまで蔵に幽閉されていた。⑤**熊婆**…怪力無双の元女相撲横綱。出番以外はいつも寝ている。

【あらすじ】

山中老母を捨てに来た男、後悔し引き返そうとするもそれを引き止め母はいう。「掟を破って村で暮らすは辛かろう。母は大丈夫じゃ。ここで、生きる」

一年後。隣国の侵攻に抗するため戦準備を始めた村に、獣にまたがる老婆の群れが姿を現す。山に捨てられ野生化した老婆たちが、子らの危機を聞きつけ帰ってきたのだ。

白狐の上の首領はかつて息子だった男に告げる。「きゃつらはわしらが追い払う。じゃがその代わり、山を我らの国として認めるよう殿に進言せよ！」

山中老母を捨てに来た男、後悔し引き返そうとするもそれを引き止め母はいう。「掟を破って村で暮らすは辛かろう。母は大丈夫じゃ。ここで、生きる」一年後。隣国の侵攻に抗するため戦準備を始めた村に、獣にまたがる老婆の群れが姿を現す。山に捨てられ野生化した老婆たちが、子らの危機を聞きつけ帰ってきたのだ。白狐の上の首領はかつて息子だった男に告げる。「きゃつらはわしらが追い払う。じゃがそのかわり、山を我らの国として認めるよう殿に進言せよ！」
初版特典：「老婆軍フィギュア（動物付き30体セット）」
抽選で68名様にプレゼント※詳しくは巻末ページをご覧下さい。

書影　裏

書庫
初版特典
老婆軍フィギュア
（動物付き30体セット）
抽選で68名様に
プレゼント

姥捨連合軍を率いる9人の山姥②

⑥**猿婆**…医療担当。子ども好きのおどけもの。疫病で子らを大勢亡くしている。⑦**ムササビ婆**…夜襲担当のムササビ部隊を率いる。男好きで、敵軍に好みのタイプがいたらたまに拉致し、山の力仕事を手伝わせる。⑧**茸婆**…毒使い。茸中毒でいつもラリっているが、それは悪夢にうなされぬため。過去に何があったのかは、鷹婆だけが知っている。⑨**烏婆**…山外れの洞窟にひとり暮らす、全身黒尽くめの孤高の剣士。自ら望んで山に来たらしく、他の婆たちとは頑なに交わろうとしなかった。戦を前に、本物の戦場を知っているらしい彼女に助力を願おうと、イチはひとりで洞窟へと向かう。

原作本紹介

『因幡の白うさぎ』
日本神話（古事記より）

『古事記』に収録されている、出雲神話として知られる物語。ある日大国主命は毛皮のないうさぎに出会った。因幡の国に行こうとしたうさぎは和邇（わに）（サメという説が有力）を利用して岸を渡ろうと考え、「和邇の仲間と自分の仲間、どちらが多いか比べてみよう」と提案して和邇を一列に並べた。その上を渡ってもう少しで向こう岸に着くというときに、うさぎはつい和邇たちを騙したことを告げてしまい怒った和邇に毛皮をはがされたという。さらにそこに現れた大国主命の兄弟の「海で塩水を浴びて風に当たり、高い山の頂上で寝るといい」という助言を真に受け、痛みに苦しんでいたという。

『日本の神話えほん 3
いなばのしろうさぎ』
ふしみ みさを 文
ポール・コックス 絵
岩崎書店

『ききみみずきん』
日本昔話

日本昔話の一つ。地域によっていくつかのバリエーションがある。昔あるところに、心の優しい働き者の若者がいた。子どもたちにいじめられている子ぎつねを見かけて助けた彼は、翌日親ぎつねからお礼として古びた頭巾をもらった。その頭巾をかぶった若者は、鳥たちの噂話が聞こえることに驚く。カラスの会話を聞いた彼は、長者の一人娘が病に臥せっており、その原因は離れ座敷を建てた際にクスノキを切ったためだと知る。娘を助けに若者が長者の屋敷に向かうと、そこでは医者や呪い師が奮闘していた。若者は長者に頼んで離れ座敷に連れていってもらい、クスノキの声を聞く。

『むかしむかし絵本(9)
ききみみずきん』
岩崎 京子 文
若菜 珪 絵
ポプラ社

『三年寝太郎』
日本昔話

日本の民話。まる三年間働かずに寝てばかり、ほかの村人や子どもたちからもからかわれていた若者が、ある日突然起き上がり日照りに窮した村の灌漑を成し遂げる。同様の話は日本全国に伝わり、起き上がったあと奸計を弄し庄屋の娘を娶るものなど後半部についてはさまざまなバリエーションが存在する。中でも山口県山陽小野田市に伝わる農民伝説「厚狭の寝太郎」が有名だが、まず草履を用いて佐渡ヶ島から金を集め、それをもとにして堰を作るという現実的なプロセスが間に挟まるのが特徴で、一説では実際に地域に灌漑をもたらした大内氏家臣の平賀清恒がモデルともいわれている。

文責：現代書館編集部＋きりえや

49 『かさじぞう』 日本昔話

あるところに、正月前に餅を買うこともできないほど貧しい老夫婦がいた。年越し準備の金を工面すべくおじいさんは笠を売りに町へ出るが、笠はたいして売れなかった。諦めて帰る途中に、彼は六体並んだお地蔵様を見かけた。哀れに思ったおじいさんはお地蔵様の雪を払い、売り物の笠をその頭に一つずつかぶせていく。一つ笠が足りなかったので、おじいさんは自分の笠をお地蔵様にかぶせて家に帰った。その夜二人が寝ていると、家の外で物音がした。そっと起き出して戸を開けた二人は、そこに置かれたものを見て驚愕する。

『かさじぞう
松谷みよ子むかしむかし』
松谷みよ子 文
黒井健 絵
童心社

50 『大工と鬼六』 日本昔話

昔、大きくて流れの速い川があった。村人たちに橋作りを依頼された腕のいい大工は川を見に行き、その流れの速さに驚く。考え込んでいると大きな鬼が現れて、自分が橋を架けてやろうと持ち掛ける。橋作りと引き換えに大工の目玉をもらうと言い置いて鬼は消え、翌朝大工が川に行くとすでに立派な橋が完成していた。目玉を取られたくない大工が困りながら歩いていると、山奥から不思議な歌が聞こえてきた。鬼を説得しようとした大工は鬼の名前が言えたら許してやると言われて必死に考えるが……。

『だいくとおにろく
日本の昔話』
松居 直 再話
赤羽 末吉 画
福音館書店

51 『さるかにがっせん』 日本昔話

ある日カニがおにぎりを持って歩いていると、猿に出会った。ずる賢い猿は、おにぎりと拾った柿の種との交換を持ちかける。最初は嫌がったカニだったが巧みな猿の言葉を聞いて考え、交換を承知する。カニが植えた柿の種はどんどん成長し、実をつけるようになった。そこへやってきた猿は木に登れないカニの代わりに実を取ってやると言いながら、自分は熟した柿を食べ、カニには青い実を投げつけた。硬い柿をぶつけられたカニは死んでしまい、残された子ガニたちは復讐を決意する。子ガニたちの憤りに共鳴した栗、蜂、臼も、猿への報復に加わって……。

『かにむかし
日本の昔話』
木下 順二 文
清水 崑 絵
岩波書店

原作本紹介

文責：現代書館編集部＋きりえや

『楢山節考』
深沢 七郎
新潮文庫

『姥捨て山』

日本昔話

ある国で、年老いて働けなくなった者を山に捨てるように、さもなくばひどい目に遭わせるというお触れが出た。ある孝行息子もお触れに従って泣く泣く老いた母親を山に捨てようとするが、母を捨てることがどうしてもできず、密かに家にかくまうことにした。その後しばらくして隣国からいくつかの難題を持ち掛けられて困った殿様は、よい知恵を持った者はいないかとお触れを出した。その話を聞かされた母親は、息子にある入れ知恵をする。

各地に伝わる「姥捨伝説」をもとにした小説として、深沢七郎による『楢山節考』が有名である。

キャラ名鑑2

『二都物語』より

ナナさん

かわいさとふてぶてしさを併せ持つ、唯一無二のうさぎ。

【登場作品】
「二兎物語」（文 p.34）
「草食五人女」（文 p.172）
「丸さの女」（映 p.104）
「フェイス／モフ」（映 p.204）
「Yのひげ」（本書 p.66）
ほか

「猿の学生」より

さる

きりえやの古参キャラクター。たいがい途方に暮れている

【登場作品】
「マッチ売りの猩々」（文 p.132）
「猿の学生」（映 p.58）
「さるか、にがさん」（本書 p152）
ほか

「嵐を呼ぶイタコ」より

イチ

ただものじゃない老婆。

【登場作品】
「嵐を呼ぶイタコ」（文 p.16）
「姥ステイ山」（本書 p.154）

文→『きりえや偽本大全』　映→『きりえや偽本シネマ大全』

意外と当たる!?

偽本心理テスト②

「火曜日」にはいったい何が？

吠える順番

フィギュア大会

川中島合戦

ドリトル先生問診日

人気番組「注文の多い料理トップテン」で登場したブルジョアをしのぐ逸品とは？

ワニ料理

ホヤ

芋粥

トロトロチーズ

無人島に取り残されたロビンソン。船から一つだけ持ち出していいと言われ島に持ち込んだものとは何？

サイリウム

浮き輪

セロ（チェロ）

地蔵

 ←きになるこたえは次のページに

出題＆回答：現代書館編集部＋きりえや

心理テストの

きになるこたえ

A4 答えはあなたが恐れているものやこと。

A	B	C	D
吠える順番 (→p.24)	フィギュア大会 (→p.90)	川中島合戦 (→p.60,68 ほか)	ドリトル先生問診日 (→p.218)
↓	↓	↓	↓
自分をさらけ出すこと	スベること	負けること	医者

A5 あなたのかまってちゃん度がわかるよ!

A	B	C	D
ワニ料理 (→p.142)	ホヤ (→p.212)	芋粥 (→p.16)	トロトロチーズ (→p.216)
↓	↓	↓	↓
100%	70%	50%	普通においしいDを選んだあなたは 20%

A6 選んだ答えでわかるのは、人生で一番大切なもの。

A	B	C	D
サイリウム (→p.12)	浮き輪 (→p.78)	セロ(チェロ) (→p.172)	地蔵 (→p.148)
↓	↓	↓	↓
夢中になれる存在(推し)	安心	趣味	思いやり

当館
所蔵資料
1

【アニメ『金閣G』資料編】

二度アニメ化された『金閣G』、どちらも原作の主人公溝口は登場せず、スーパーロボット金閣Gのまばゆい活躍を描いた作品となっている。

該当作品『金閣G』(p.18)

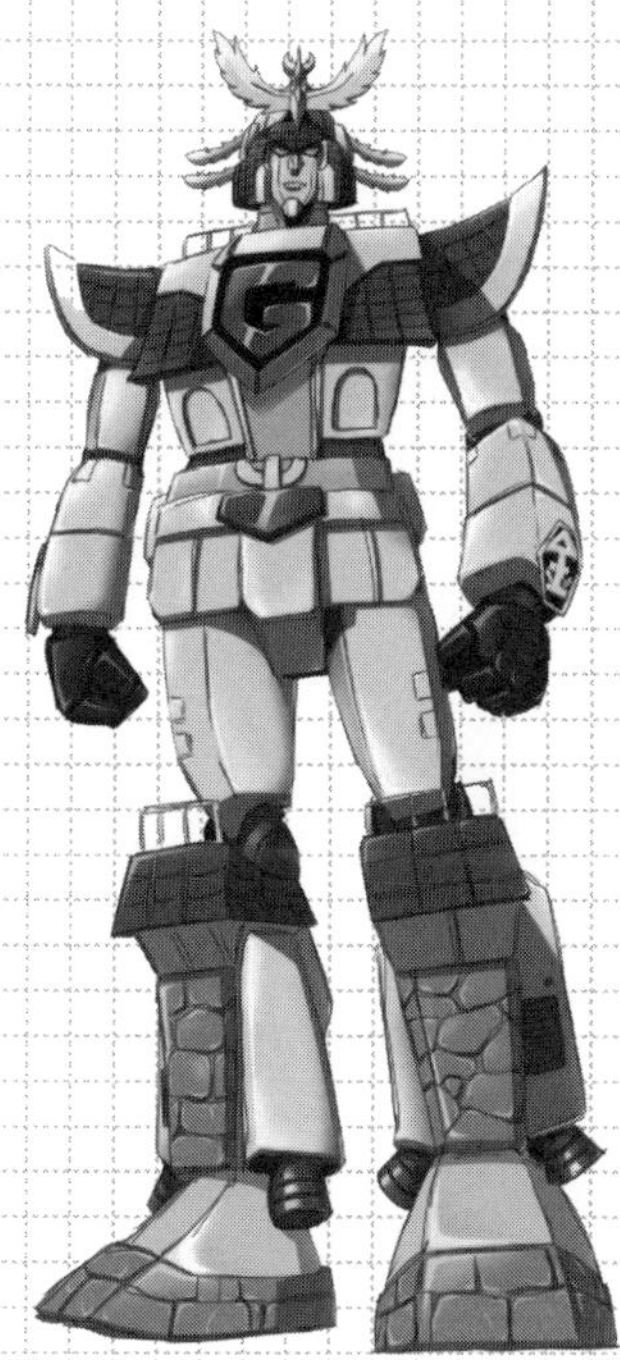

「ニュー金閣G」デザイン。90年代リメイク作。スタイリッシュに変化を遂げたが、無慈悲な強さは旧作同様。

頭の鳳凰

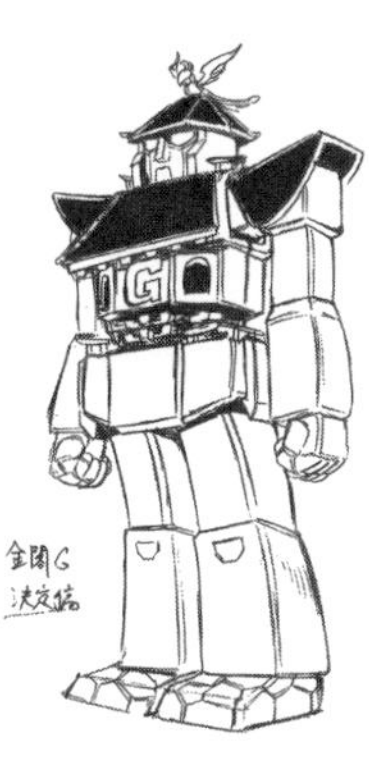

80年代初頭のオリジナル「金閣G」。変形おもちゃがブームとなった。

「ニュー金閣G」変形中形態。

強化形態「フルアーマー金閣G」。

「ニュー金閣G」デザイン：ねこま堂　https://www.robinbros.site/

オリジナル「金閣G」設定：きりえや

司書手作り！

館内展示グッズコーナー②

1 2

①『My姫』(→p.12)より「(太田がはじめて手作りした)エリス応援うちわ」
②『ヴィヨンのくま』(→p.22)より「くま(紙ねんど製)」

3 4

①『真珠武人』(→p.124)より「真珠武人(折り紙＆パールシール製)」
「真珠というよりいぼいぼっぽい」と来館者には不評。
②『カーサ地蔵』(→p.148)より「地蔵の団らん(紙ねんど＆紙製)」
「湯のみやみかんがないので深刻な会議っぽくなった」と製作者は反省。

008

児童書（国内）

日本童話の棚

# お前だったのか！	# 君もゴーシュだ
# 100% 発芽ドングリ	# チャカで勝負だ！
# 今週の第1位は？	# ポンチャック日本へ
# 立派になって……	

53 ゴングぎつね

Gong Fox

初めから凶器。

続・世界文学名作選⑫

ゴングぎつね

Gong Fox

お前だったのか！

新撰、文庫版世界文学全集続編第3回配本
人間への復讐心に燃える狐と、彼を人間不信にした猟師。遺恨の決着はリング上で。

悪役レスラー「ゴングぎつね」技図鑑

うなぎ逃し…相手の二の腕を両手で力いっぱい摑んだまま一気に下まで下ろす技。痛い。

鰯投げ…抱え上げた相手をやり投げの要領で頭からコーナーポストに投げつける技。あぶない。

松茸…２本指で突き上げる鼻つぶし。ひどい。

栗…ただの頭突きだが、マスクに尖ったものを仕込んでいるためされると血が出る。もっとひどい。

火縄…手にしたゴングで相手の頭を殴る。相手の目から火花が出て失神するか、レフリーに止められるまで続ける。もうやめてあげて。

【あらすじ】

兵十に撃たれ九死に一生を得た狐ごんは、覆面レスラー【ゴングぎつね】に化け暴虐の限りを尽くすことで人間への復讐を始める。銃を捨て山を下りた兵十は街頭テレビでその姿を目撃。「すまねえごん、おめえの非道を止められるのは、このおらしかいねえ！」すべてを悟った男は、プロレスの「遺恨の決着はリングでつける」しきたりに従い、手縫いのマスクを握りしめひとり足早に後楽園へと急ぐ。

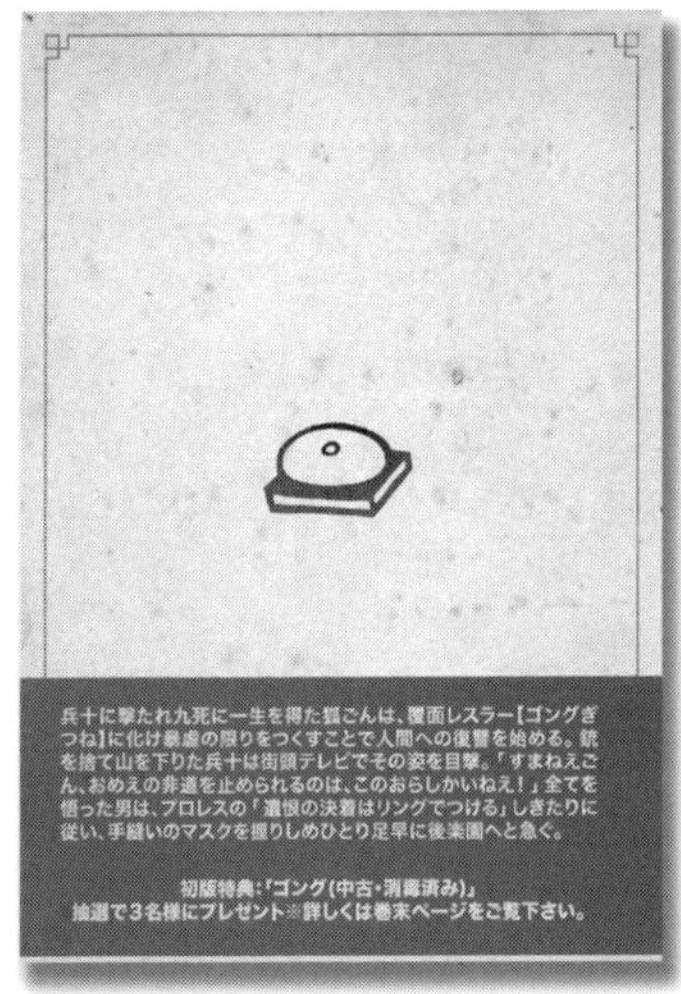
兵十に撃たれ九死に一生を得た狐ごんは、覆面レスラー【ゴングぎつね】に化け暴虐の限りをつくすことで人間への復讐を始める。銃を捨て山を下りた兵十は街頭テレビでその姿を目撃。「すまねえごん、おめえの非道を止められるのは、このおらしかいねえ！」全てを悟った男は、プロレスの「遺恨の決着はリングでつける」しきたりに従い、手縫いのマスクを握りしめひとり足早に後楽園へと急ぐ。
初版特典:「ゴング(中古・消毒済み)」
抽選で3名様にプレゼント※詳しくは巻末ページをご覧下さい。

書影　裏

書庫
初版特典
ゴング
（中古・消毒済み）
抽選で3名様に
プレゼント

和解、共闘、ヒールターン…リングある限り戦いは続く

怒りと謝罪の気持ちをお互い存分にぶつけ合った二人はリング上で和解。ベビーフェイス※タッグチーム「けものと狩人」として生まれ変わる。ベルトも手にし、華々しい活躍を続ける2人だったが、ごんと兵十の間に埋めようのない人気格差が生じ、ごんのシングルプレーヤー転向の噂が出たタイミングで二人はリング上で仲間割れ。「お前がうなぎ逃したせいでおふくろが死んだこと、俺まだ許してないからな！！」と捨てぜりふを残し、今度は兵十が悪役に転向する。ごんはあの優しかった兵十を取り戻せるのか。決着戦は正月の東京ドーム。リングある限り戦いは終わらない。

※いわゆる悪役に対する「いいもの」側

54

どんぶりと山猫

Bowl and wildcat

どんぶりとやまねこ

訴訟沙汰。

続・世界文学名作選⑦

どんぶりと山猫

Bowl and wildcat

かかった！

新撰、文庫版世界文学全集続編第2回配本
「威張った山猫を捕まえてほしい」どんぐりたちの
手紙を読んだ一郎が考えた方法とは＿＿？

どんぶり猫

明治期の東北地方。田畑を荒らし鶏を襲う害獣・山猫の捕獲方法として最も安価かつポピュラーな方法として、どんぶり猟が盛んに行われていた。これは猫科の動物の、狭いところに収まりたがる習性を利用するもので、けもの道に置いた丼の中に山猫が入り、寝たところで蓋をして捕獲するものである。この猟の優れた点は毛皮に一切傷がつかない点で、全盛期ではどんぶり猟の収入のみで立派な御殿を建てたものもいたという。乱獲がたたったためか、いつのまにか本州から消えた山猫は、今ではこういった物語の中でのみ、生き生きとした姿を見せている。

【あらすじ】

ある秋の日、一郎少年のもとに手紙が届く。ちまちました字を虫眼鏡で覗くと「いばったやまねこをつかまえてください」とある。山に入った一郎は開けた場所に持参した空のどんぶりを置き、離れて待つこと数十分。気がつけばどんぶりの中、山猫が丸くなって昼寝している。「やっぱりすごいや一郎さん」喜ぶどんぐりたちを尻目に帰ろうとすると、裁判にも出席してほしいという。ところが議長が誰かでもめだしていつまでたっても始まらない。とっくに起きてどんぶりの中泰然としている山猫に向かい一郎は言った、「『なっ。』ていう顔で僕を見ないでくれたまえ」。

書影　裏

100%発芽ドングリ

川崎市多摩区にある研究施設から、開発中のドングリ一個が強奪された。このドングリは、来るべき食糧危機に備え、もとの栄養成分はそのままにアクだけ除去した夢の食材であり、生産性向上のため発芽率100%、2年で実をつけるよう遺伝子改良されている。しかしこの禁断の木の実が野生で発芽した場合、計算によれば10世代後には地球は樹木で覆われ、文明は崩壊するという。警察は現場の足跡から、この究極の「地球に優しい」発明を盗んだ犯人をハクビシンと断定。現在人類の未来は、一匹のハクビシンの消化能力に委ねられた状態である。頼んだぞ！ ハクビシン。

55 注文のおおい料理トップテン

Top Ten Dishes

ちゅうもんのおおいりょうりとっぷてん

統・世界文学名作選⑮

注文のおおい料理トップテン

Top Ten Dishes

今週の第一位は!?

新撰、文庫版世界文学全集続編第3回配本
ゴールデンタイムに放映されるおばけ飯テロ番組。
世帯視聴率No.1。

乱獲によるブルジョア減少①（養殖と保護活動）

戦後の財閥解体、高度成長期の一億総中流社会化などにより天然のブルジョア捕獲高は減少の一途をたどり、山猫界隈では深刻な供給不足に陥った。その穴を埋めるために試みられたのが、巷で「グルメブーム」と呼ばれる養殖である。しかし一時的に良い餌を与えたところで、日常的に高級食材を吸収している本物のブルジョアには及ぶべくもなく、「天然物と比べ味に品がない」「化学物質の匂いがする」など、だいたいは天然ものの良さを再確認する結果に終わっている。

【あらすじ】

「山猫テレビ『注文の多い料理トップテン』は、毎週視聴者の皆様から『今一番食べたい料理』のリクエストを募集。ランキング一〇位から一位までをカウントダウン形式でお伝えする番組です」「お待たせしました、今週の第一位は……」「二九八票。先週に引き続き『ブルジョア』！　五週連続の一位です！」「そう、若くてピチピチしたブルジョアをきれいに洗ってからお酢とお塩につけてオーブンで焼くあの料理、あたしも大好き♪」「五週も続けてなんて皆さん飽きませんねぇ」「あたしも今晩それにしようっと」「一緒にいる犬にはどうぞお気をつけて。それでは時間となりました。また来週お会いしましょう。ごきげんよう。さようなら」

「山猫テレビ『注文の多い料理トップテン』は、毎週視聴者の皆様から『いま一番食べたい料理』のリクエストを募集。ランキング10位から1位までをカウントダウン形式でお伝えする番組です」「お待たせしました、今週の第一位は、、、」「298票。先週に引き続き『ブルジョア』！ 5週連続の一位です！」「そう、若くてピチピチしたブルジョアをきれいに洗ってからお酢とお塩につけてオーブンで焼くあの料理、あたしも大好き♪」「5週も続けてなんて皆さん飽きませんねぇ」「あたしも今晩それにしようっと」「一緒にいる犬にはどうぞお気をつけて。それでは時間となりました。また来週お会いしましょう。ごきげんよう。さようなら」
初版特典：「ブルジョア（下味加工済み）」
抽選で2名様にプレゼント※詳しくは巻末ページをご覧下さい。

書影　裏

書庫
初版特典
ブルジョア
（下味加工済み）
抽選で2名様に
プレゼント

乱獲によるブルジョア減少②（天然物育成政策）

近年、政府がとる教育政策は教育格差の拡大には目を瞑り、一部のエリートを産出する方針に舵を切った感がある。これには政財界の名を借りた、ブルジョア予備軍を求める山猫たちの強い要望があったとされる。この政策が仮に成功したとしても、生まれるものはまずは成金たちであろう。しかしそれが三代続けば自然と格と品がつき、ブルジョアの体をなしてくる。どんな名家も一族の始まりからブルジョアだったものなどいないのだ。山猫たちはたとえ時間がかかろうと、「将来的に持続可能なブルジョア供給」を目指すことに腹を決めたのである。

56

オツベル銅像

Statue of Ozbel

おつべるどうぞう

名よりも先に固まる外見。

続・世界文学名作選⑧

オツベル銅像

Statue of Otsubel

立派になって…

新撰、文庫版世界文学全集続編第3回配本
父と子の会話の形を借りて綴られる、銅像に関する一考察

その後のオツベル銅像（ネタバレ・勅令自体は本当）

昭和18年。戦局の激化に伴う深刻な物資不足を補うため「金属類回収令」が制定。対象は鍋やかんなど庶民の生活に関わるものから、学校にある二宮金次郎像や各地元の名士などの銅像にも及んだ。ただし皇室関連あるいは神像は除外されたため、本作品に登場する象の像はそのまま残された。真っ先に供出され、ぺしゃんこにされたオツベル像跡地には戦後裸婦像が建立。軍服姿のものは軍国主義を思わせよろしくないと複製を見送られるものが多かったという。

【あらすじ】

「父さんあの人誰？」

「知らない」

「銅像になってるんだから有名な人じゃないの？」

「いや。そうとは限らない。特にこういう中途半端な大きさのやつは、無名だけど本当に尊敬されてる人か、そうじゃなきゃ……」

「？」

「小金持ちの建てたピラミッドだ」

「じゃあその奥のおっきいゾウさんは？」

「そうだなあ、あれはきっとそう。神様だ」

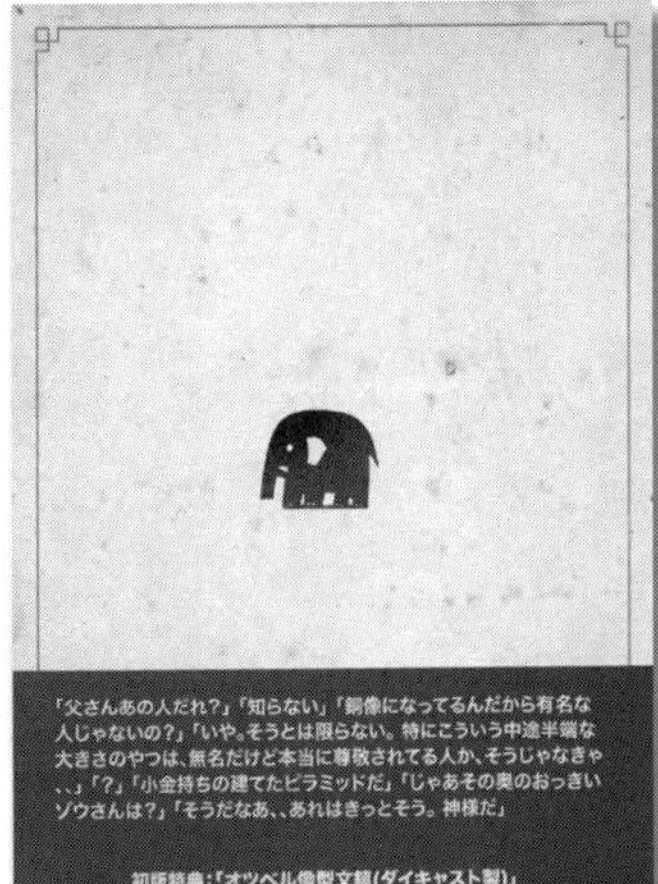

書影　裏

ポンチャックの親友・トンダは彼の子孫

象の像

象の像のモデルの象はサーカスの人気者であったが、ある日仲間を引き連れ脱走、動物園に匿われる。非常に賢い象で、劣悪な労働環境で酷使された証拠を脱走の際多数持ち出し、悪辣な団長を逮捕に追い込んだ。この像は多くの動物を救った彼の行動をたたえ、有志のファンが資金を集め建造したものである。事件後彼は故郷であるタイの村に帰されたという。世界的に有名なムエタイ選手ポンチャック・ポームラハムは、実はその同じ村の出身である。

57 1006匹のゴーシュ

1006 Gauche

せんろっぴきのごーしゅ

来るもの拒まず月夜の宴。

続・世界文学名作選52

1006匹のゴーシュ

1006 Gauche

大所帯。

新撰、文庫版世界文学全集続編第23回配本。
奏でることの喜びが、文字の中から溢れ出す。

中途半端な“6”の謎

「なぜ1006匹なのか」。その疑問はこれまで多くの研究者たちを悩ませ、特に半端な“6”について数々の考察を生んできた。曰く「五感を超えた知覚である、第六感を現している」、「昆虫類の足の数、蜂の巣穴の形など、自然に深く関わる数である」、「天体好きな作者のこと、これは南斗六星を示しているのだ」などなど……。近年人気の説は、「1000募集したら締切間際の駆け込みがあり、ピッタリの数にならなかった」というものだが、「妙にリアルで夢がない」という理由から熱烈なファンの中には否定したがる者も多い。

【あらすじ】

月夜の山でセロひく男が一人。町の楽団で「違う」「違う」といわれ続けて、すっかり縮んでしまった彼は、誰もいない場所で自分の音を奏でたくなったのでした。しばらくすると音の隙間に違う音色が。木陰から顔を出し、おずおずとこちらをのぞくのは猫。大事そうにバイオリンを抱えています。「おいで。一緒に演奏しよう。音楽が好きならば、君もゴーシュだ」噂を聞きつけ一匹また一匹と仲間は増え、やがて山は楽器を持った動物たちで埋め尽くされます。一〇〇六匹のゴーシュによる、コンサートの始まりです——。

月夜の山でセロひく男がひとり。町の楽団で「違う」「違う」といわれ続けて、すっかり縮んでしまった彼は、誰もいない場所で自分の音を奏でたくなったのでした。しばらくすると音の隙間に違う音色が。木陰から顔を出し、おずおずとこちらをのぞくのはねこ。大事そうにバイオリンを抱えています。「おいで。一緒に演奏しよう。音楽が好きならば、君もゴーシュだ」噂を聞きつけ一匹また一匹と仲間は増え、やがて山は楽器を持った動物たちで埋め尽くされます。1006匹のゴーシュによる、コンサートの始まりです——。
初版特典:「葉っぱの招待状(関係者席)」
抽選で200名様にプレゼント ※詳しくは巻末ページをご覧下さい。
©kirieya(Ryo Takagi) http://kirieya.com/

書影　裏

書庫
初版特典
葉っぱの招待状
(関係者席)
抽選で200名様に
プレゼント

1006匹の演奏が聴きたい！　　司書のおすすめポイント⑧

町の楽団でダメ出しをされて山で一人でセロを弾いていた男が動物たちとともに合奏する『1006匹のゴーシュ』。隣の子の演奏に合わせて吹いていたら、一人、また一人と奏者が加わり、いつのまにか全員での大合奏に。吹奏楽部やオーケストラ楽団に所属していたことのある人なら、きっと経験したことがあるのではないでしょうか。とはいえ本作の演奏者は、総数1006匹。絵を見ているだけで、山が震えるような大音量が聴こえてくるようです。(つ)

58

大造じいさんとGUN

Daizo and gun

だいぞうじいさんとがん

タマを取るか、取られるか。

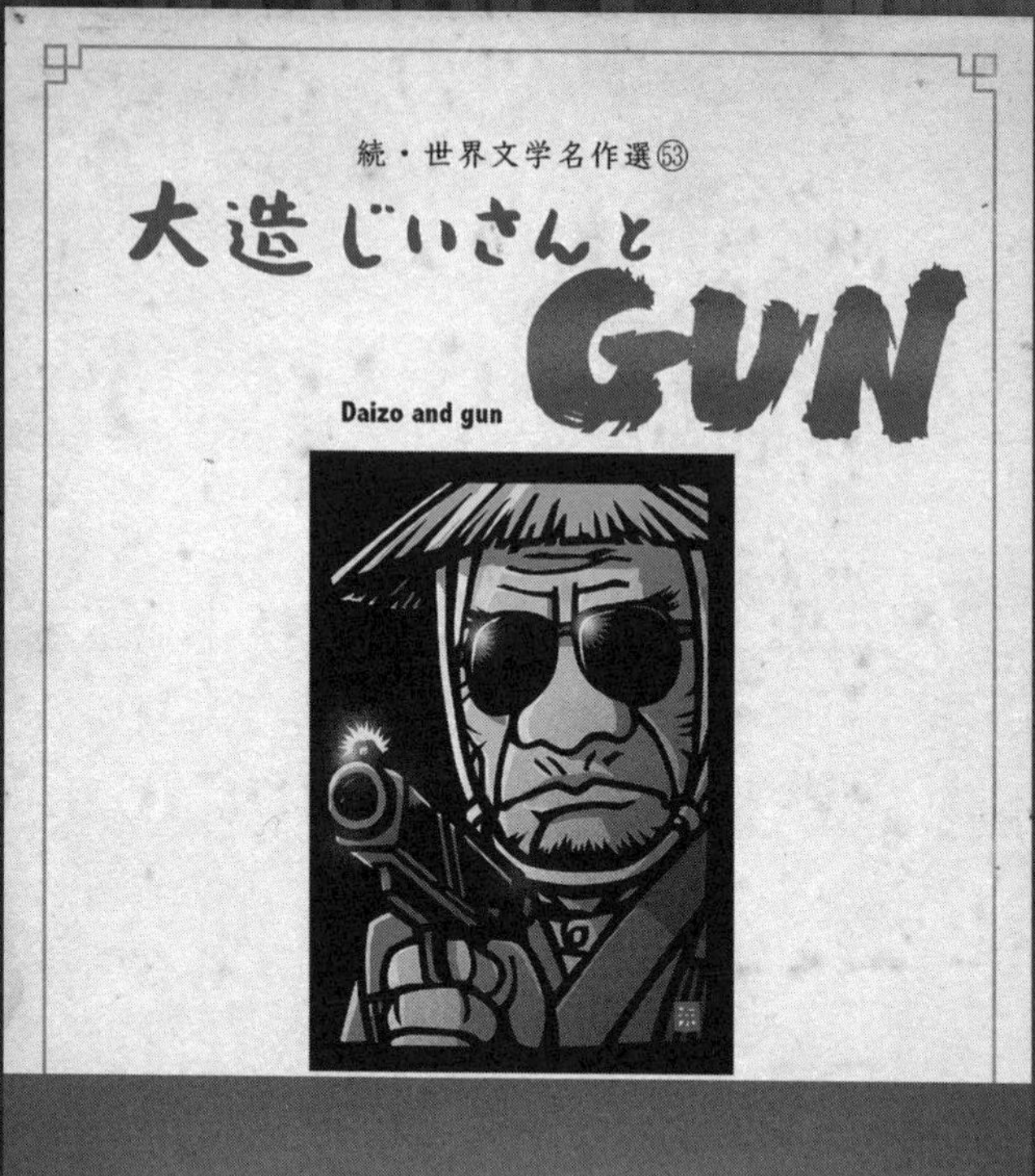

続・世界文学名作選53

大造じいさんとGUN

Daizo and gun

チャカで勝負だ！

新撰、文庫版世界文学全集続編第17回配本
人類の意地をかけ、ガンに勝負を挑む老人。

発見された草稿の、ハニートラップ場面

近頃発見された本作の草稿では、残雪を陥れようと大造が用意するハニートラップの内容が大きく異なる。一年かけて大造は雌ガンの囮人形を制作。その鳩胸を強調したグラマラスな魅力にはさすがの残雪も抗えず、我を忘れてフラフラと近づいたところに隼が襲来。雌ガンを連れ去ってしまう。矢のように追撃し隼を追い払う残雪。しかし放された雌ガンは真っ逆さまに地面に落下、紙粘土製だったためバラバラに。傍らで呆然と立ち尽くす残雪。大造は、自分がいたずらに彼の心を傷つけてしまったことを深く反省し、すべてを捨てて真っ向勝負に挑むことを誓う。

【あらすじ】

腕自慢の猟師、大造じいさんは近頃一羽もガンが仕留められなくなった理由を、新しい群れのリーダー「残雪」の知恵によるものと睨む。仕掛けた罠はことごとく無効化され、手懐けた囮ガモを使ったハニートラップも失敗。小細工を諦め正面から撃とうとすれば、逃げずに弾丸をくちばしで受け止められる始末。猟銃では敵わぬと悟った大造じいさんは、私財を売り払った金で拳銃を入手し早打ちを特訓。渡りに旅立つ直前の残雪に最後の決闘を挑もうとするが——。

頭抜けて優れた一羽のガンにとりつかれた男の執念を描く、ハードボイルド動物文学の傑作。

腕自慢の猟師、大造じいさんは近頃一羽もガンが仕留められなくなった理由を、新しい群れのリーダー"残雪"の知恵によるものと睨む。仕掛けた罠はことごとく無効化され、手懐けた囮ガモを使ったハニートラップも失敗。小細工を諦め正面から撃とうとすれば、逃げずに弾丸をくちばしで受け止められる始末。猟銃では敵わぬと悟った大造じいさんは、私財を売り払った金で拳銃を入手し早打ちを特訓。渡りに旅立つ直前の残雪に最後の決闘を挑もうとするが——。頭抜けて優れた一羽のガンにとりつかれた男の執念を描く、ハードボイルド動物文学の傑作。
初版特典：「傘&サングラスセット」
抽選で73名様にプレゼント※詳しくは巻末ページをご覧下さい。
書影　裏

書庫
初版特典
傘 & サングラスセット
抽選で73名様に
プレゼント

最後の対決

「連発しなければヤツには勝てない」と得物を拳銃に持ち替えた大造は、仲間を先に旅立たせひとり湖に残った残雪と対峙する。10mの間に漂う、氷のような静寂。先に抜いたのは大造だった。銃口から放たれた弾が僅かに首をそらした残雪の頬を切り裂く。その反動で回転し、倒れる残雪。すかさずとどめを刺そうとした大造だったが、引き金がネジで止めたように動かない。リボルバーの回転部に、残雪の放った羽根手裏剣が刺さっていたのだ——。立ち上がり、飛び立つ残雪に向け大造は声を掛ける「またやろうな、残雪！」。残雪は思う「面倒だ。来年は絶対別の湖に逗留しよう」。

ポンチャック※日本へ。

59
手ぶくろをタイに
Hand gloves to Thailand
てぶくろをたいに

続・世界文学名作選54

手ぶくろをタイに

Hand gloves to Thailand

空輸。

新撰、文庫版世界文学全集続編第20回配本
ポンチャック、日本へ！グローブ求めて4,300km。

クライマックス①（ネタバレ）

きつねやの娘と孫が捕らわれた廃工場に潜入したポンチャックとトンダ。通路にトンダがつかえたことで戦闘が始まってしまう。二人が閉じ込められた部屋へと走るトンダの目に写ったのは銃を構えた男。ポンチャックが危ない！ トンダは壁の電源レバーを下ろす。急に動いたベルトに足を取られ男は転倒、悲鳴を上げ機械の中に吸い込まれていく。それを救ったのは、ポンチャックが思わず投げたグローブであった。泣きながら感謝する男と、その横で歯車に挟まれボロボロになったグローブ。慰めるように肩に置かれたトンダの鼻をポンチャックは軽くたたいた。〈つづく〉

※ポンチャック：ムエタイ選手。『オペラ座のタイ人』（『きりえや偽本大全』p.150掲載）をはじめ出演作多数。

【あらすじ】

２階級制覇を恐れたタイマフィアの手により試合用特注グローブを破壊されたムエタイ戦士ポンチャックは、親友のトンダ（象）とともに急ぎ日本へと飛ぶ。目指すは山の中にあるグローブ工房「きつねや」。彼の力を十二分に引き出しながらも相手を壊さない、絶妙なバランスを持つグローブは、ここの老職人にしか作れないのだった。計量日までのタイムリミットは一週間。数々の妨害をかわし、無事手ぶくろを譲り受けたポンチャックだが、職人の娘と孫がマフィアに拉致されたと知り、ついに抑えていた怒りを爆発させる——。

書影　裏

クライマックス②（ネタバレ）

タイトルマッチ当日。ポンチャックはバンテージ姿で入場。異例の事態に観客は驚く。リングサイドに上がったポンチャックは、セコンド・トンダの頭の帽子に手をかける。きつねやの孫娘がトンダにかぶせてくれた帽子の中に、もう一つグローブが隠されていたのだ。チェック終了後、特性グローブに指を通したポンチャックはもはや無敵だった——。親しき中にも報連相。大事なことを知らされていなかった上、お気に入りの帽子までぺしゃんこにされたトンダはむくれ、その後２週間ポンチャックと口をきかなかったらしい。

原作本紹介

『日本の童話名作選
ごんぎつね』
新美 南吉 作
黒井 健 絵
偕成社

『ごんぎつね』

新美南吉

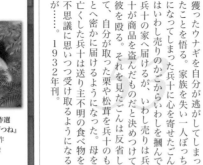

いたずら好きの子狐ごんは、ある日兵十が獲った魚をびくから逃がしてしまう。数日後に兵十の母親の葬式に居合わせたごんは、兵十が母親のために獲ったウナギを自分が逃がしてしまったことを悟る。家族を失い一人ぼっちになってしまった兵十に心を寄せたごんはいわし売りのかごからいわしを掴んで兵十の家へ届けるが、いわし売りは兵十が商品を盗んだものだと決めつけて彼を殴る。それを見たごんは反省して、自分が取った栗や松茸を兵十のもとへ密かに届けるようになった。母を亡くした兵十は送り主不明の食べ物を不思議に思いつつ受け取るようになるが……。１９３２年刊。

『日本の童話名作選
どんぐりと山猫』
宮沢 賢治 作
高野 玲子 絵
偕成社

『どんぐりと山猫』

宮沢賢治

「あした、めんどなさいばんしますから、おいでんなさい」。たどたどしい文字で書かれた山猫からの裁判出席の依頼はがきを受け取った少年、一郎。栗の木や滝、きのこなどに道を聞きながら小道を歩き、ついに山猫に出会う。山猫は誰が一番偉いのかを決めようと揉めているどんぐりたちに頭を痛めていた。揉めるどんぐりたちに、一郎は「このなかで、いちばんえらくなくて、ばかで、めちゃくちゃで、てんでなっていなくて、あたまのつぶれたようなやつが、いちばんえらいのだ」と言う。それを聞いたどんぐりたちは……。１９２４年刊。

『日本の童話名作選
注文の多い料理店』
宮沢 賢治 作
島田 睦子 絵
偕成社

『注文の多い料理店』

宮沢賢治

二人の若い男が白い大きな犬を連れて山へ鹿狩りに出かけた。鳥も獣も現れず、連れていた犬が死んでしまった二人は山を下りようとするが、木々のなかで迷子になってしまった。空腹と寒さに苦しむ中、ふいに山猫軒という西洋レストランが現れる。「ことに肥ったお方や若いお方は、大歓迎いたします」という言葉に喜ぶ二人は、「ここで髪をきちんとして、それからはきものの泥を落してください」「あなたの頭に瓶の中の香水をよく振りかけてください」などと扉に書かれた文字にしたがってどんどん奥へと進んでいくが……。１９２４年刊。

文責：現代書館編集部＋きりえや

56 『オツベルと象』 宮沢賢治

金儲けに頭が回るオツベルはある日ふらりと現れた白い大きなゾウを巧みに騙し、自分のもとで働かせる。はじめは無邪気に労働を楽しんでいたゾウだったが、日々減らされていく食事と日に日に過酷さが増していく労働に弱り、ついに疲弊し倒れてしまう。夜ごとに呼びかけていた月に向かって「もう、さようなら、サンタマリア」とゾウが言うと、それまでゾウを見守っていた月は、ゾウに仲間に助けを求める手紙を書くように勧める。ゾウからの手紙を読んだ仲間のゾウたちは、大挙してオツベルのもとへ押し寄せて……。1926年『月曜』に掲載。

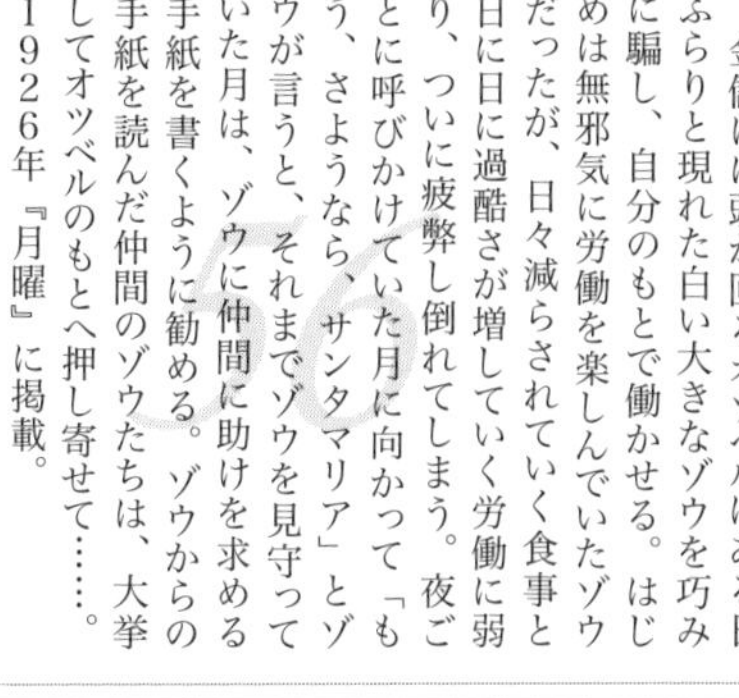

『日本の童話名作選
オツベルと象』
宮沢 賢治 作
遠山 繁年 絵
偕成社

57 『セロ弾きのゴーシュ』 宮沢賢治

活動写真館（映画館）の楽団でセロを弾いているゴーシュは、下手な演奏でみなの足を引っ張り楽長から厳しい叱責を受けていた。町の音楽会の日が近づいてきたある晩、自宅で猛練習をする彼のもとに大きな三毛猫が訪れる。シューマンの「トロメライ」を弾くように求める生意気な猫に腹を立てたゴーシュは「印度の虎狩」を嵐のように演奏し、猫を苦しめる。ところがその次の晩は、かっこうがやってくる。音階練習に付き合ってほしいとかっこうに頼まれ、ゴーシュはしぶしぶセロを弾き始めるが……。1934年刊。

『日本の童話名作選
セロ弾きのゴーシュ』
宮沢 賢治 作
赤羽 末吉 絵
偕成社

58 『大造じいさんとガン』 椋鳩十

猟師たちから老狩人の大造じいさんを紹介された「私」は、彼ががんの群れの賢い頭領「残雪」と知恵比べを行った話に引き込まれる。翼に白い混じり毛が入っている残雪が群れを率いるようになってから、大造じいさんは獲物を仕留められなくなった。針付きの餌を仕掛けて一度は群れの中の一羽を生け捕りすることに成功するも、翌日からはうまくいかない。残雪が他のがんに餌の食べ方を指導したからだ。二年目も大造じいさんはがんの群れに挑むが、やはり残雪の知恵によって狩りは失敗してしまう。三年目の対決を迎え、彼はさらに工夫を凝らして残雪を待ち受ける。1941年刊。

偕成社文庫

原作本紹介

文責：現代書館編集部＋きりえや

『日本の童話名作選
手ぶくろを買いに』
新美 南吉 作
黒井 健 絵
偕成社

『手ぶくろを買いに』
新美南吉

ある森に母狐と子狐が暮らしていた。冬の朝、雪にはしゃいで駆け回った子狐は、手が冷たいと母狐に訴える。その手を握りながら子狐に手袋を買ってやりたいと思う母狐だったが、以前友だちと町に出かけて人間に追い回された記憶がよみがえり、足がすくんでしまう。子狐の片手を握り人間の子どもの手に変えた母狐は、町の帽子屋で人間のほうの手を出して手袋を買うようにと言い聞かせて子狐を町へ送り出す。帽子屋に着いた子狐は、つい狐のほうの手を出して「手袋をください」と言ってしまう。１９４３年刊。

キャラ名鑑 3

「タイ人ポンチャック」シリーズ

ムエタイ戦士ポンチャックとその親友トンダ（象）の活躍を描いた人気シリーズ。

『オペラ座のタイ人』（文学編 p.150）
『タイ人20連勝』（文学編 p.152）
『タイ産の男』（映画編 p.132）
『タイ脱走』（映画編 p.134）
『タイ・ハード』（映画編 p.136）
『OO ヘブン ロシアよりタイをほめて』（映画編 p.178）

文学編↓『きりえや偽本大全』

映画編↓『きりえや偽本シネマ大全』

当館
所蔵資料
2

【武人資料編】

市内在住の匿名武人マニアの方から貴重なコレクションの数々をご寄贈いただきました。

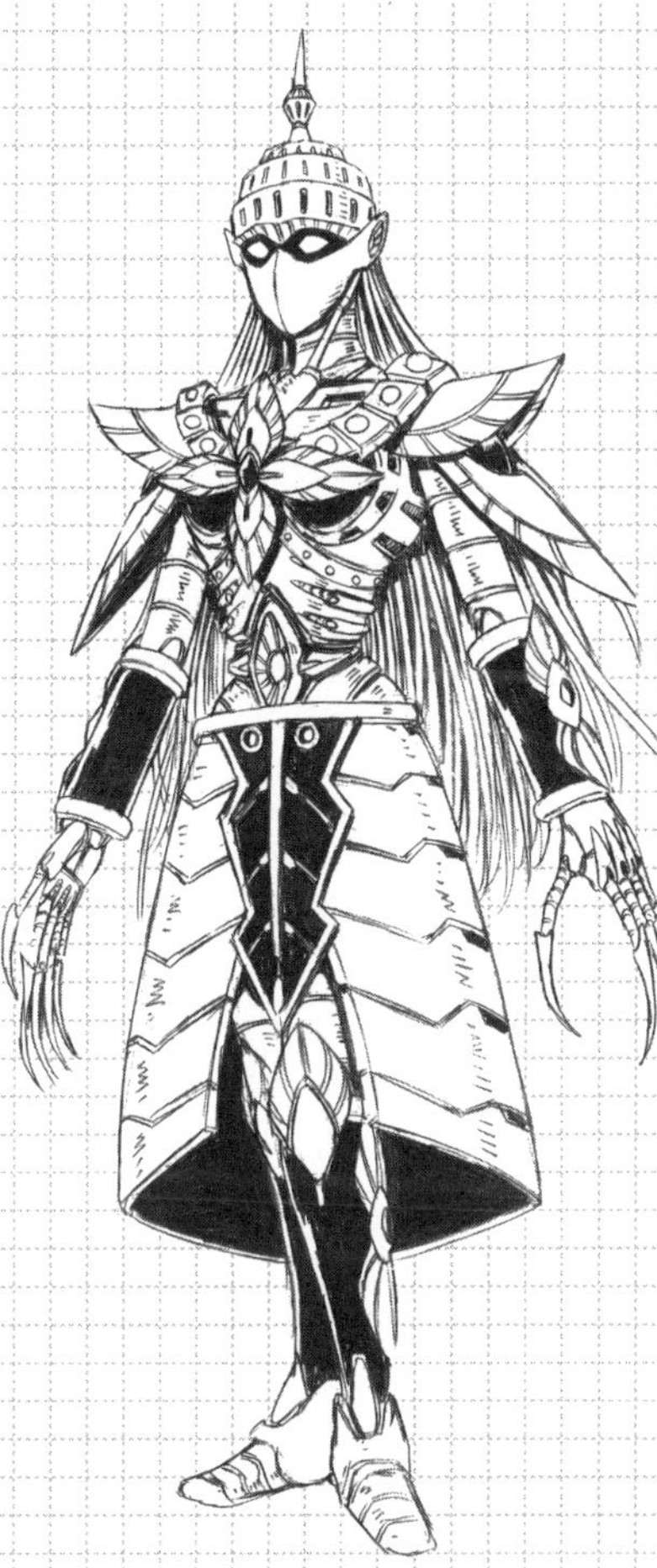

『エマニエル武人』アニメ企画書用設定。パイロットの全裸設定を問題なく映像に落とし込む方法が見つからず、企画は頓挫した。

『真珠武人』初映画化時に描かれた、造形用設定書。

『ボヴァリー武人』初版挿絵原画。

該当作品
『真珠武人』（p.124）
『ボヴァリー武人』（p.126）
『エマニエル武人』（p.128）

資料制作：きりえや

「私が好きな一冊」〈読者アンケート・児童書編〉

注：本当に集計しました。ご回答下さいました皆様、ありがとうございました。

46 板場の白兎

表紙はかわいいのに、このあらすじ・・・ヒリヒリしますね（夏実／WAVE TALE）

包丁一本サラシに巻いて、板前修行を積んだ白兎の料理を食べてみたくなりました。（支配人／りんがふらんか城ヶ崎文化資料館）

包丁を研ぐ兎の顔もあいまって、帯のオススメはワニがツボった！（ララしゅうか／きりえやさんのファン）

47 ききみみ☆ズキュ～ン

犯行計画を聞かれているか確かめに来たイケボの若者と、イケボにメロメロになっているが故に言っている内容が全く入ってきていない娘というシチュエーション、斬新すぎて最高です！（地底人のエビ／会社員）

52 姥ステイ山

自分らを捨てた村を救いに来る老婆達カッコよすぎ！ ぜひ続きが読みたいです。（ちーちー／（きっと）婆婆の子孫）

57 1006匹のゴーシュ

1006匹によるコンサートは荘厳なのか、騒音なのか・・・きっと荘厳でしょう！（ゾネス／ジュンク堂書店池袋本店）

59 手ぶくろをタイに

ポンチャックの活躍にドキドキ！（特典くれ／ポンチャックファンクラブ）

愛しのポンチャックと、今年生誕110年、再注目中の新美南吉、まさかのコラボ！ W主演的に美味しい。（駄々猫／股旅同盟）

61 アリと栗毛リス

やっぱり、推しのリスを選んじゃった！ そして、アリも好きです。（黒木陽子／主婦）

64 ジャックとマネーの木

ジャックもハトもかわいくて好きです（馬面／ゲーム好き）

66 幸福の奥義

ハッピーエンドを願わずにはいられない（関ことね／ペンギン仲間）

飛燕回生拳……強え、マジで強え。王子の漢ぶりが半端なさすぎて惚れました。（矢部公美子／ジュンク堂書店池袋本店）

72 Hi! 爺

次々チャラに感染していくハラハラ。でもおんじのトロトロチーズ食べたいがために感染したくなる（とき子／南向きの部屋）

73 ドリトル先生搭載機

なんと心強い！　うちの猫さんのご不満は何？　引っ掻かれる前に、あぁ、マジに飛んで来て欲しいです。（アッサムティ／カレンダー毎年待ち遠しい部）

きりえやさんの切るカエルが出会いだったので当然「かえるのOh! Summer」推す予定が!!!　先生搭載しちゃったぁーもうだめ。最高です。（かえうすき／カエル好き）

75 エルマーと16ぴきほりりゅう

りゅうが16匹も保留されているなんて、その光景をぜひ見てみたい！　そしてりゅうの背中に乗って世界中を旅したい。お腹が空いたらりゅうの背中でみかんを食べるんだ。（あさみ／ファン）

司書手作り！

館内展示グッズコーナー③

「けうぽら」特集

『曽根崎珍獣』(→p.34)
『キューポラのいる街』(※映画編p.14)
より

1

2

3

4

①「フェルト人形」
②「折り紙フレームと貼り絵」
③「刺し子コースター」3種
④『キューポラのいる街』DVD

「がんばれ受験生」特集

『椿さん十郎』(※映画編p.18)
『三四浪』(→p.14)
『椿悲鳴』(→p.134)より

①特集コーナー。
・ちびた鉛筆の詰まった一升瓶
・ハチマキ
・お守り
・椿の花(折り紙)
などを展示。
②『椿さん十浪』DVD

1

2

※映画編→『きりえや偽本シネマ大全』

009

児童書（海外）

おとぎばなしの棚

# その名もマスクドラビット	# 豆一粒で大もうけ
# 計画がずさんすぎる	# 井の中サイコー！！
# 一蓮托生ってこういうこと？	# 飛燕回生拳。
# あとはないぞ。	#「あおいおどり」最長記録

60 うさぎと仮面

Masked Rabbit

うさぎとかめん

寝るのはお前だ！

続・世界文学名作選③

うさぎと仮面

Masked Rabbit

その名もマスクドラビット

新撰、文庫版世界文学全集続編第一回配本
硬直化したプロレス界に風穴を開ける謎のマスクマン。

APW（どうぶつプロレス）・所属レスラー名鑑①

亀仮面

#打たれ強い。がまん強い。
#ラビットの先輩。
#手足短い。体硬い。
#仰向けになると起きられない。
#料理好き。

マスクドラビット

#正体不明
#天然。天才。デカい足。
#脚力跳躍力異常
#プロレス好き。抗争ぎらい。
#マイペース

会社に忠誠を誓った生え抜きの選手ばかりを露骨に重用した結果、人気が下落したマット界に突如彗星の如く現れた正体不明のマスクマン・マスクドラビット。彼はその実力と、観客からの絶大な支持を背に、相棒の亀仮面とともに圧倒的不利なフリーの立場から光り輝くベルトを目指す――。トリックスター・マスクドラビットを通じ「プロレス団体の望まれる形」を描く寓話的プロレス文学。

初版特典：「レプリカマスク(マスクドラビット・亀仮面・リスマスク)」
それぞれ一名様にプレゼント※詳しくは巻末ページをご覧下さい。

書影　裏

【あらすじ】

会社に忠誠を誓った生え抜きの選手ばかりを露骨に重用した結果、人気が下落したマット界に突如彗星の如く現れた正体不明のマスクマン・マスクドラビット。彼はその実力と、観客からの絶大な支持を背に、相棒の亀仮面とともに圧倒的不利なフリーの立場から光り輝くベルトを目指す。

トリックスター・マスクドラビットを通じ「プロレス団体の望まれる形」を描く寓話的プロレス文学。

APW(どうぶつプロレス)・所属レスラー名鑑②			
	ブラックパンダー		リスマスク
	 #デスマッチレスラー		#小さい(Jr.ヘビー)
	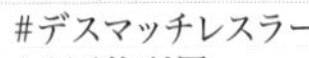 #2団体所属		#すばしっこい。
	#怒りっぽい。		#口が軽い。ひとこと多い。
	#「熊」と言われるとキレる。		#少食ですぐお腹がすく。
	#実は子煩悩。		#どこにでも食べ物を隠す。

61 アリと栗毛リス

Ants and Chestnut fur Squirrel

ありとくりげりす

しんぱいごむよう。

続・世界文学名作選55

アリと栗毛リス

Ant and Squirrel with Chestnut fur

えっへん。

新撰、文庫版世界文学全集続編第11回配本
おめでたい子と心配性。幸せなのは果たしてどっち？

世界は回る（ネタバレ）

まふゆのよる、うえとさむさからひとり目をさましたリスは、じめんにうめた食べ物をさがしに森へ出ます。ところが外は雪でまっしろ。立てた小枝の目じるしも、すっかりかくれてわかりません。やみくもに近くをほると、そこからドングリが出てきました。「やったあこれで助かった。きっと誰かが僕のため、うめてくれたに違いない」そんなことあるはずない。そこにエサをうめた子がかわいそうですって？ 大丈夫。その子はその子でだれかのエサを、きっとさがし当てたことでしょう。らくてんてきな人たちだけでうまく回っている世界というものが、この世の中にはあるのです。

【あらすじ】

ふゆじたくにいそがしいアリたちに向かい、ある日リスが声をかけます。「やあ君たち、まだ働いているのかい？　ぼくはもう、たくさん食べたし、集めた食べ物は一か所にうめて目じるしに小枝だって立てたからあとは寝るだけさ。春にまたあおう！」「計画がずさんすぎる」「それでだいじょうぶなのか？」アリたちのつぶやきは、リスの耳にはとどきません。はたして冬のさなかおなかがすいてめざめたリスは、うめたえさの目じるしが雪できえてしまっていることに気づき……。

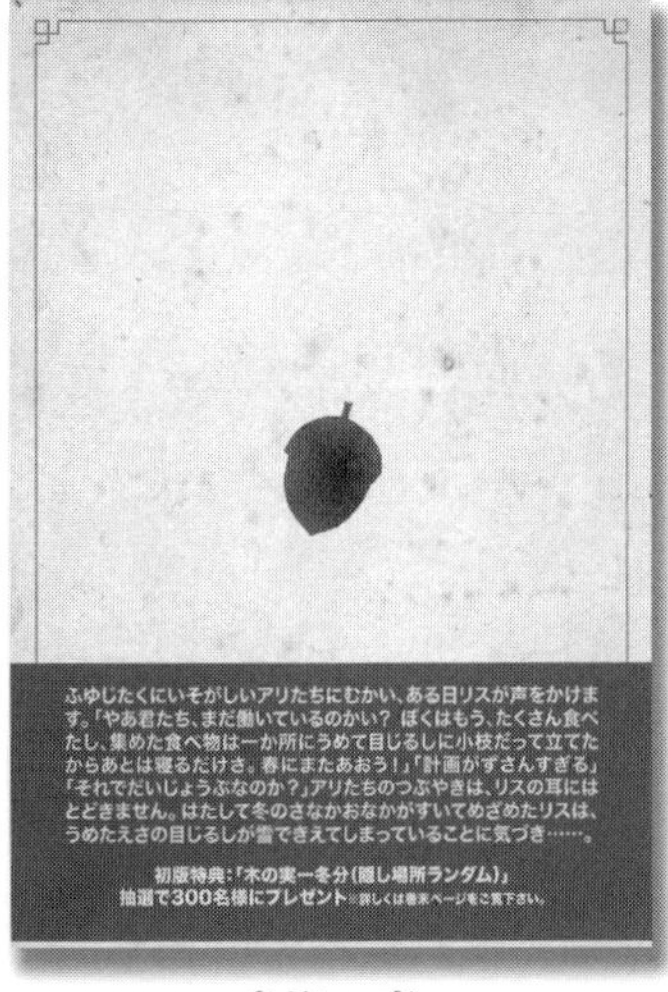
ふゆじたくにいそがしいアリたちにむかい、ある日リスが声をかけます。「やあ君たち、まだ働いているのかい？ ぼくはもう、たくさん食べたし、集めた食べ物は一か所にうめて目じるしに小枝だって立てたからあとは寝るだけさ。春にまたあおう！」「計画がずさんすぎる」「それでだいじょうぶなのか？」アリたちのつぶやきは、リスの耳にはとどきません。はたして冬のさなかおなかがすいてめざめたリスは、うめたえさの目じるしが雪できえてしまっていることに気づき……。
初版特典：「木の実一冬分（隠し場所ランダム）」
抽選で300名様にプレゼント※詳しくは巻末ページをご覧下さい。

書影　裏

書庫
初版特典
木の実一冬分
（隠し場所ランダム）
抽選で300名様に
プレゼント

リスに学ぶピンチからの脱却法　　司書のおすすめポイント⑨

せっせと冬支度に励むアリたちを尻目に、埋めた食糧の目印に小枝を立てて安心しきっていたリス。ところがリスが目覚めると、雪で目印が消えてしまっていて……。ピンチかと思いきや、リスはやみくもに掘った場所からドングリを見つけます。この話を「リスは幸運だったね」で終わらせるのはもったいない。私たちの身の回りでも、日々想定外のことが起こっています。そんなときは、とにかく打てる手を打つこと。リスの姿からそんな力強いメッセージをもらえる本です。(つ)

62 金のおのおの銀のおのおの

Mercury and forty-seven ronin

きんのおのおのぎんのおのおの

今ならもう1セット。

続・世界文学名作選㊺

金のおのおの 銀のおのおの

Mercury and forty-seven ronin

浪士大渋滞。

新撰、文庫版世界文学全集続編第11回配本
戦力三倍の奇跡を生んだ、血判状の意外な効能。

その後の金のおのおの

総勢187※名という圧倒的多数でなんなく吉良邸に討ち入り宿願を果たした赤穂浪士たち。後に全員切腹と記録にはあるが、その場にいたのは実は身代わりの金のおのおのだったため、腹にも首にも刃は通らず処遇に困った幕府は彼らを秘密裏に開放。その後しばらく消息を絶っていた金のおのおのは、開国後全員揃って渡米し"東洋の神秘・ゴールデンサムライ"としてツアーを敢行。どの都市でも好評を博すものの、移動中沈没事故に遭って消息を絶つ。発見された一体が今、ボストン美術館の地下室で生ける財宝として悠々自適の生活を送っているとの噂である。

※金47+銀47+大石1+大石以外46+大石以外ダブり46

【あらすじ】

討ち入り決行日、吉良邸に向かう道すがら足を滑らせた大石内蔵助は脇にあった池に転落してしまう。光り出す水面が慌てふためく浪士たちの顔を照らす。やがて水底から巨大な神が現れ、彼らに向かって口を開く。

「今そなたらが落としたものは、この『金のおのおの』か、それとも『銀のおのおの』か」。

神の両手にまばゆく光る自分を含めた四十七士の姿を認めた堀部安兵衛は、混乱する頭の中で考える。「一蓮托生って、こういうことなの？」

書影　裏

書庫
初版特典
四十七士
消しゴムフィギュア
(金銀あわせて 94 体)
抽選で47名様に
プレゼント

その後の銀のおのおの

一連の赤穂浪士事件収束後、「同じ姿のものが江戸にいたら紛らわしい」との理由から銀のおのおのは揃って大坂へ。脱いだ羽織などを銭に変え、それを元手に商売を始ようとするも、銀の髷を町人髷に結い直せず挫折。役者や見世物関連の職も、黒ずみ始めた体では見栄えがせず不入り。ついに世を儚んだ一人が池に身を投じたところ、またもや水中から例の神が現れる。「お前らが落としたのはこの金の銀のおのおのかそれとも、この銀の銀の……（後略）」。現在大阪市にある銀のおのおのの銅像には「日本における金銀合金化技術の祖」と記されている。

63 おおかみしょうねんば

Critical Moment for the Wolf

続・世界文学名作選57
おおかみしょうねんば
Critical Moment for the Wolf
あとはないぞ。
新撰、文庫版世界文学全集続編第21回配本
交渉人オオカミVS嘘しか言わない少年。

「逆襲」（ネタバレ）

集まるかと思われた村人は、二、三人が羊の群れの変わらぬ様子にまたかという顔をして去ってゆくのみであった。羊に隠れたオオカミはそのとき、少年の笑顔を見た。思い上がった嫌な表情だと思った。その感情が、普段慎重な彼に、大胆な賭けに出ることを決意させる。彼はラノリン臭い毛皮を脱ぎ捨て立ち上がった。「やあ、僕は狼だ。見つかってしまったな」話しながらゆっくりと近づく。嘘つきは自分の嘘が無効化されるのを一番嫌う。それが彼の賭けだ。泣きそうな顔になる少年。感情を揺さぶるのは交渉術の初歩である。「聞きたいことがあるんだ」オオカミは冷静に続けた。

【あらすじ】

数々の難事件を解決してきた伝説の交渉人「オオカミ」。今回のミッションは、重要事件の目撃者である羊飼いの少年と接触し、供述を引き出すこと。「その仕事、俺でなければならないのか」いぶかるオオカミに上司は告げる「その少年、町で悪評高い『生粋の嘘つき』だそうだ」。警戒レベルを上げ、村人に気づかれぬよう羊に変装して少年に近付こうとするオオカミ。しかしいち早く少年は叫ぶ「狼がきたぞー!!」。気づかれた! しかし何故? 変装は完璧なはずだ……。窮地に陥ったオオカミは、村人が集まる前に目前の羊毛の壁からの脱出を試みる。

書影　裏

書庫
初版特典
羊きぐるみ
(ウール100%)
抽選で60名様に
プレゼント

交渉人“オオカミ”登場

『おおかみと七ひきのおやじ』

子山羊を山羊質に民家に立てこもった凶悪犯「おやじ組」に対し警察は引退した交渉人「狼」を招聘。だが五年ぶりに姿を現した生きる伝説の姿に一同は驚愕する。そこにいたのはどう見ても「山羊のおかあさん」だったのだ——。
(『きりえや偽本大全』p.84 掲載)

64 ジャックとマネーの木

Jack and the Golden Opportunity Tree

じゃっくとまねーのき

高みを目指せ。

続・世界文学名作選58

ジャックとマネーの木

Jack and the Golden Opportunity Tree

豆一粒で大もうけ。

新撰、文庫版世界文学全集続編第16回配本
伝説のトレーダーによる、成功につながる取引指南。

目次一覧

はじめに〜心の声に従って
1の心得 あり得ない条件にこそ魔法が潜む（言葉より人を信じる／母親に叱られる覚悟を）
2の心得 “おかみさん”を味方につけろ（愛嬌は身を救う／キーパーソンを見定めろ）
3の心得 同一相手から儲けられるのは三度まで（僕の失敗／逃げ足は鍛えておこう）
4の心得 木を切り倒す勇気を（この身を危うくするものは、欲と未練と執着と）
5の心得 はじめは一個の豆だから、失うものなどなにもない（成功なんてただの錯覚）

【あらすじ】

痩せた一頭の牛を元手に、常識では考えられない取引や無謀な賭けを重ね、やがて巨万の富を築いた伝説のトレーダー・ジャック氏による回顧録。

「あり得ない交換条件にこそ魔法が潜む」「『おかみさん』を味方につけろ」「同一相手から儲けられるのは三度まで」などの刺激的な文言が一攫千金を夢見る若者たちの心を捉え、発売当時は空前の大ヒットを記録、社会現象となった。

しかし同時にスーパーで豆類が軒並み売り切れるという事態が多発。「いやそういうことじゃないんだよ……」とジャック氏を大いに落胆させたという。

書影　裏

反響（「豆を買えとはひとことも言ってない」）

「直感を信じることの大切さ」を説こうとした作者の意に反し、本書は「当たりくじ（=豆）をたまたま引いた男の成功譚」として世間に消費されることとなった。読書習慣を持たない層にも響くように言葉を厳選し、1時間で読める文量にしたことがかえってライト層の誤読と読み飛ばしを招き、町の量販古書チェーンには売られた本書があふれ、代わりにスーパーの棚からは豆という豆が消える事態となった。騒動に懲りた「世界一の強運の持ち主“Mr. ビーン”」ことジャック氏は、堅実に働くことが一番と思いを改め、以後一切のメディアから距離を置くようになったという。

65
いやっほう。
かえるのOh! Summer
The frog king of Summer vacation
かえるのおうさまー
続・世界文学名作選59
かえるのOh! Summer
The frog king of Summer vacation
井の中サイコー!!
新撰、文庫版世界文学全集続編第三回配本
蛙となった王子が過ごす終わらない夏休み。

いやだね(ネタバレ)

「いいかい王女様。たしかに僕は王子で、君がかえる姿の僕と一緒にベッドで寝て、キスしてくれたら人間に戻れるなんて言ったけど、そうしてほしいわけじゃない。喋るカエルだ！ って踏み潰されないために情報開示しただけなんだ。僕がキスするのは好きな人とだけだ。だから悪いけど、君となんかはごめんだし、父親に何言われたかだいたい想像つくけど君だってめっちゃいやそうじゃないか。君がキスしなきゃいけないのは僕が王子だからだろ？ 誰も僕をただの僕としてみてくれない。そういうところが嫌なんだ。王様には逃げられたって言っといて。じゃあね」

【あらすじ】

悪い魔法使いの手により蛙の姿に変えられた王子。魔法は「美人だが性格の悪い隣国の王女に気持ち悪い迫り方をした挙げ句壁に叩きつけられ」さえすれば解けるものだったが、王子はそれを完全無視。なんの肩書もない自由気ままな一匹のカエルとして、はじめて自らの生を謳歌する――。

古典的おとぎ話が持つセオリーの膝を折り、人間世界を相対化した多幸感あふれるこの寓話は、今や世にあふれかえる「転生したら○○だった」ものの原点といわれている。

書影　裏

行きっぱなしの物語

「行きて帰りし物語」。かつてファンタジーはそう呼ばれており※、遠足同様現実世界に戻るまでがセットとされていた。しかしながら本作の主人公は、別の人生を生きるため、あえてファンタジー世界にとどまることを選んだ。この当時としては異色の展開が、後世において「転生もの」の元祖と呼ばれるようになった所以でもある。「おうちが一番(『オズの魔法使い』)」と心から願えた時代はとうに過ぎ、誰もが「ここではないどこかへ」という思いを抱えながら生きている。行きっぱなしの転生譚のほうが読者は心安らげる。今はもう、そんな時代なのかもしれない。

※完全な異世界を構築し、その中で物語が進むもの(『指輪物語』など)を除く。

66

幸福の奥義

the Secrets of Happiness

こうふくのおうぎ

友よ……！

続・世界文学名作選⑬

幸福の奥義

the Secrets of Happiness

飛燕回生拳。

新撰、文庫版世界文学全集続編第4回配本
友を死なせた十字架を背負い、人々の幸福のため
闘い続ける鉛の王子。

【市長一味】

メイヤー…言葉巧みに乗っ取った街を恐怖支配。自身を含めた脱走犯の経歴ロンダリング拠点にしようと企む。鞭と、身体中に仕込んだ火器が武器だが、甘言を無尽蔵に吐き出す舌こそが最大の脅威。**ライト**…右腕。痩せこけた蛇のような外見を持つ冷血漢。生まれながらの卑怯もので、あらゆる場所にナイフを隠し持つ。寒すぎると動きが鈍る。**レフト**…怪力自慢の巨漢。身長5m。受けた攻撃のダメージが脳に届く前に相手を倒す。蚊が弱点。**センター**…王子像と同じ技を使う兄弟子。私利私欲のため技を使い破門。最終奥義を教わらなかったことが今でもコンプレックス。

【あらすじ】

王子像は自由になった。皮肉にも燕の死から受けた衝撃がこれまで彼と台座をつなぎとめていた金具を壊したのだ。すべてを失った彼は、自身の我儘に付き合わせ、飢えと過労で命を落とした友が、斃れる間際まで焦がれていた地、エジプトへ贖罪の旅に向かう。

十年後、彼の地の墓守より一子相伝の拳法を伝授された王子像は友の墓参りのため帰国。ところが街は悪徳市長の支配する、無法の荒野と化していた。

善意の自己犠牲だけでは貧困問題は終わらない。王子像は人々の本当の幸福のため、市長一味との対決を決意する。

書影　裏

書庫
初版特典
王子像
アクションフィギュア
（燕エフェクトパーツ付き）
抽選で20名様に
プレゼント

幸福（ネタバレ）

最後に残った市長は市民を盾に。これまでの戦いで満身創痍、絶体絶命となった王子像はついに最後の技を口にする。「飛燕回生拳！」魂のすべてを無数の燕に変え、体から解き放つ究極奥義である。しかし一度使えば最後、燕となった魂は、元の体に戻れない。勝負は一瞬。民は救われ、悪は滅びた。像の中わずかに残った魂のかけらは、飛び去ってゆく燕の群れを眺めていた。一羽が引き返し目の前で羽ばたく。あの、燕だ。「俺を許してくれるのか……友よ」空を見上げた姿勢のまま動かなくなる王子像。流す涙のない彼の瞳には、穏やかな微笑みが浮かんでいた——。

67

あおいおどり

La danse bleue

続・世界文学名作選60

La danse bleue

どないだ。

新撰、文庫版世界文学全集続編第22回配本
幸せをもたらすという幻の踊りを求め、
今日も旅するチルチルミチル

旅先で出会ったおどり

思い出のおどり…ノスタルジーにあふれた、温かく少し切ない踊り。穏やかな感動に会場は包まれたものの、終演後壮年から老人の観客全員が堰を切るように「昔は良かった。今の若者は……」と語り出し幻滅。**夜のおどり**…妙なテンションで演者観客双方異様な盛り上がりを見せたが、翌朝なんだか恥ずかしくなり自ら封印。**花園のおどり**…笑いが止まらなくなって中止。**墓のおどり**…前に上げた両腕を左右に振る振り付けで、観客を巻き込み大いに盛り上がったが、近くの墓石が一斉に動き出し中止。**未来のおどり**…時代を先取りしすぎて誰一人ついてこられないまま終演。

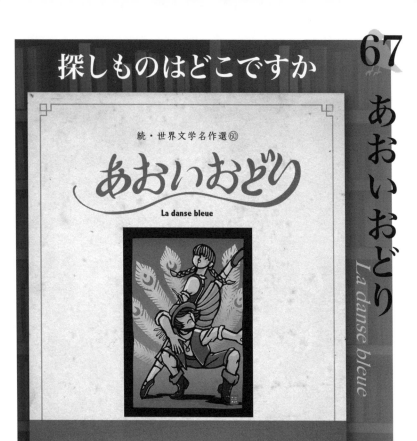

【あらすじ】

クリスマスの晩、現れた仙女に「娘の命を救うため見たものすべてがしあわせになるという『あおいおどり』を踊ってほしい」と頼まれた兄妹ダンスユニット・チルチルとミチル。レパートリーにない謎の舞踏を求め、訪れた先で「思い出のおどり」「夜のおどり」「花園のおどり」「墓のおどり」「未来のおどり」を次々とマスター。各おどりの中にはよく似た名前があるものの、どれも真（まこと）の「あおいおどり」ではなく――。

幸福の在り処を問う舞踏劇。

書影　裏

書庫
初版特典
あおいおどり
完全版ダンスDVD
（5枚組12時間50分）
抽選で200名様に
プレゼント

舞台化

発表時から現在まで数限りなく上演され、時代や演出家の個性により様々なバージョンが存在する本作品であるが、クライマックスシーン「『あおいおどり』は自分たちのパッションの中にある」ことに気づいた二人による即興演舞が最大の見せ場である点は変わらない。演者はその日その瞬間のパッションを毎回舞台に叩きつけ、観客もそれを目当てに劇場に通う。有名ダンサー主演の場合、心おきなく踊れるよう終演時間を定めない場合も多く、これまでの「あおいおどり」最長記録は、伝説の日本人ダンサー東巳之助※がチルチルを演じた回の12時間50分である。

※参照『おじいさんのランプ』（『きりえや偽本大全』p.218）

原作本紹介

60 『ウサギとカメ』

イソップ

イソップ童話を翻訳した『伊曽保物語』などによって、近世以降に知られ始めたとされる昔話。「もしもし かめよ かめさんよ」という歌い出しで広く親しまれている童謡は、石原和三郎が作詞し、納所弁次郎が作曲した。ある日うさぎに自身の歩みの遅さを嘲笑されたかめは、うさぎに徒競走を持ちかける。かめを馬鹿にしているうさぎは了承し、スタートとともに勢いよく走り出す。はるか遠くにかめを引き離し、勝利を確信したうさぎは余裕綽々で木陰で居眠りを始める。ところがその間にかめはコツコツと進み続け、うさぎに迫ってゆくのだった……。

『イソップえほん
ウサギとカメ』
蜂飼 耳 文
たしろ ちさと 絵
岩崎書店

61 『アリとキリギリス』

イソップ

イソップ童話の一つで、原典は「アリとセミ」とされている。真面目なアリと享楽的なキリギリスを対比し、勤勉の大切さを説く。

ある夏、キリギリスが遊んでいると、アリたちが冬に備えるために働いているのに出くわした。せっせと食料をため込んでいるアリたちをキリギリスは小馬鹿にして夏の間楽しく遊んで暮らすが、やがて風が冷たくなり、冬がやってくる。食料が見つからなくなり困りはてたキリギリスは十分な蓄えがあるアリに助けを求めるが、アリは冷たくキリギリスを突き放す。

『イソップえほん
アリとキリギリス』
蜂飼 耳 文
かわかみ たかこ 絵
岩崎書店

62 『金の斧 銀の斧』

イソップ

イソップ童話。ある日、木こりが斧を川に落としてしまい嘆いていると、神が現れる。金の斧を手にした神は、木こりが落としたのはこの斧かと問うた。正直者の木こりがそうではないと答えると、今度は銀の斧を手に同じことを問うた。再び木こりが違うと答えると、神は今度は鉄の斧を手に木こりに尋ねた。まさにその斧だと木こりが答えると、神は彼の実直さに感心して金の斧、銀の斧、鉄の斧の三本の斧を木こりに与えた。木こりからその話を聞いた欲深な木こりは自分も同じように斧を得ようと考えて、斧を手に出掛けていくが……。

『イソップえほん
きんのおの』
蜂飼 耳 文
宇野 亜喜良 絵
岩崎書店

文責：現代書館編集部＋きりえや

63 『おおかみしょうねん』
イソップ

嘘をついてばかりいると、肝心なときに信じてもらえないという教訓を示したイソップ童話。「嘘をつく子供」というタイトルでも知られる。

ある村に、羊飼いの少年がいた。羊の番に飽きた彼はある日「狼が来た！」と嘘をつき、村人たちを驚かす。自分のいたずらに仰天して慌てふためく村人たちを見て、少年は大喜び。数日後に再び「狼が来た！」と騒ぎ、動転して飛び出してくる村人たちを笑った。ところがある日、本当に狼がやってきた。羊を狙われた少年は慌てて「狼が来た！」と大声で叫ぶが、彼の嘘に何度も騙されてきた村人たちは彼の言葉を信じてはくれず……。

『イソップえほん
おおかみがきた』
蜂飼 耳 文
ささめや ゆき 絵
岩崎書店

64 『ジャックと豆の木』
イギリス童話

昔、ジャックという少年が母親と二人で暮らしていた。ある日ジャックは母親の言いつけで牝牛を市場へ売りに行くが途中で出会った老人の言葉に心を惹かれ、牝牛を豆と交換してしまう。カンカンに怒った母親は、ジャックの豆を庭に捨ててしまう。翌朝、庭に巨木が立っていた。昨日の豆が成長したのだ。豆の木に登ったジャックは、そこで巨人の妻に出会う。早く逃げるように言われたジャックだが、巨人が帰ってきてしまう。彼女に身を隠してもらい、巨人が寝たあと金貨と銀貨の入った袋を盗んで家に帰ったジャックは、味を占めて再び豆の木に登る。

『ジャックと豆の木
イギリスの昔話』
ジョン・シェリー 再話・絵
おびか ゆうこ 訳
福音館書店

65 『かえるの王様』
グリム童話

あるところに美しいお姫様がいた。毬を泉に落としてしまい泣いていると、一匹の蛙がなぜ泣いているのかと声をかけてきた。わけを聞いた蛙は自分の友だちになってくれるなら取りに行ってあげようと答える。毬ほしさにそれを承知した彼女だったが蛙を愛するつもりはなく、蛙が投げた毬を拾い上げると走り去ってしまう。あくる日、蛙がお姫様を訪ねてきた。彼女はすげなく断ろうとするが、父親である王は約束は守らねばならないとお姫様を諭す。しぶしぶ彼女がドアを開けると、蛙は中に入ってきて彼女に様々なお願いをする。

『グリム童話
かえるの王さま』
ビネッテ・シュレーダー 絵
矢川 澄子 訳
岩波書店

原作本紹介

文責：現代書館編集部＋きりえや

『幸福の王子』 オスカー・ワイルド

66

ある町に「幸福の王子」と呼ばれる像が建っていた。その両目にはサファイア、腰の剣の装飾にはルビーがはめ込まれ、身体は金箔に包まれ、心臓は鉛で作られていた。その町に、一羽のツバメが飛んできた。ツバメは、すでにエジプトへ渡った仲間たちを追いかけて飛んでいるところだった。王子の両足の間で眠ろうとしたツバメは、落ちてきた水滴に驚く。この美しい像には、王子の魂が宿っていたのだ。この町の貧しさにあえぐ人々の様子に心を痛めていた王子はツバメに自分の宝石を不幸な人たちにあげてくれるように頼み、根負けしたツバメはしぶしぶ王子の言葉に従う。1888年刊。

『童話集 幸福な王子 他八篇』
オスカー・ワイルド 作
富士川 義之 訳
岩波文庫

『あおいとり』 メーテルリンク

67

あるところに、貧しい木こりの家族がいた。子どもは二人きょうだいで、兄の名はチルチル、妹はミチル。クリスマスの前夜に、二人は魔法使いのおばあさんから「自分の娘の病気を治すために幸せの青い鳥を見つけてきてほしい」と頼まれる。おばあさんからもらった魔法の帽子と鳥かごを持って出かけた二人は「思い出の国」にたどり着き、亡くなったおじいさんとおばあさんと再会するが、そこで手に入れた青い鳥は死んでしまった。再び青い鳥を求めて二人は夜の御殿、森、月夜の墓地、幸福の花園、未来の国を訪れる。1908年発表。

『青い鳥』
堀口 大學 訳
新潮文庫

キャラ名鑑 4

「シンドラーのリス」より

リス

はじめはただの小動物だったのに人気が出るにつれどんどんふてぶてしくなって、今ではもう「どやリス」呼ばわりに。

【登場作品】

『メトロとリス』（『偽本シネマ大全』p.148）
『デニスにリス』（同『シネマ大全』p.152）
『シンドラーのリス』（『シネマ大全』p.206）
『アリと栗毛リス』（本書 p.188）

「プロレスへの問い　物語への問い」

～『うさぎと仮面』(p.186)

栗原モナコ

「児童文学」は、国を超え時代を超え、その場その時の人々の価値観に受け入れられるよう、結末や登場人物、時には大きな話の筋さえも改変されて伝え続けられてきた。

道徳的な教訓や美しい場面など、残したい部分だけを残し（あるいは加え）、そこに至る過程や結末はよりソフトに穏やかに、角を削り毒を抜き穴を埋め、次第に綺麗な球体のようになっていきながら、時代に迎合してきた。

生き残り、伝え続けられることは何よりも大切なことで、時には信念を曲げてでもより多くの人に喜ばれ感動され、求められる姿になることは悪いことではない。それは決してラクで簡単なことでもない。

しかし物語も、そしてプロレスリングの世界も、一時的な人気や定番にあぐらをかき続けることはできなかった。目の前で爆発が起きたような衝撃は、お決まりの展開や手堅い流れを甘んじて受け入れていた大衆が、心のどこかで真に求めていた刺激だった。

そしてそれは、時代の流れとともに隠され、変えられ、忘れ去られてきたありとあらゆる物語の原初の形であった。伝統的な物語たちは、ずっとこんな日が来るのを待っていたのだ！　そうに違いない。

時代や価値観、社会の大きな流れに飲まれることなくスターダムを駆け上がっていく主人公・マスクドラビットは、低迷したプロレス界と同時に寓話のあり方にも一石を投じる存在になる。社会にあり、自分自身を曲げてでも受け入れよう・受け入れられようとし続けることに少し疲れてしまった人にこそ読んでもらいたい。

栗原モナコ　X(Twitter)：@HeyMonacoDesuyo
シンガーソングライター、チンドン屋。時々文章を書く。大学図書館の地下で持出禁止の大蔵経を眺めるのが好きだった。
何度も借りた本は『井伏鱒二全集第1巻(筑摩書房)』『藤子F不二雄SF短篇集』

消しゴムはんこ：栗原モナコ

『アリと栗毛リス』抜粋

「わあいどんぐりだ！」

やみくもにほった近くの穴から食料を見つけたリスはこう思います。

「やったあこれで助かった。きっと誰かが僕のため、うめてくれたに違いない」

010

児童書（海外）

海外児童文学の棚

# オカメセンサー	# 伝説のダンシングヒーロー
# やだ、この島。	# 全言語対応。
# 食わず嫌いは許さない	# 今度はふたりだ！
# 落ち着くんだパトラッシュ！	# おみかん

68

檻の中。

統・世界文学名作選㊶

エルマーほりゅう

Elmer is on hold

みかん食べてまってなさい

新撰、文庫版世界文学全集続編第24回配本
脱獄したエルマーはりゅうとともにオカメ島へ。

エルマーほりゅう

Elmer is on hold

オカメインコ（後半も本当ならいいのに）

本作で重要な役割を演じるオカメインコは、頬のチークが特徴的な日本でも人気の鳥。名前はインコだが実はオウムであり、元はオーストラリアの荒野で群れを成して暮らしていた。性格は温厚で繊細。知能が高くよく懐く反面寂しがりやで、飼い主がそばにいないと激しく呼び鳴きをする場合もある。家から飛び立った個体は、頭のオカメセンサー(冠羽)で同様の仲間を探し出し群れを形成。先祖から継いだ長距離飛行能力を発揮し集団で海を越え、南洋にある楽園・オカメ島に渡る。

【あらすじ】

のらねこの話通りどうぶつ島に捕らわれていたりゅうを見つけ、無事救い出したエルマー。ところが帰り道で嵐に遭遇し墜落、警察に保護される。警察は法律に載っていないりゅうの扱いを巡ってけんけんごうごう。結局結論が出るまでエルマーとりゅうは処分保留で勾留されることになる。みかんを食べるふたりの耳にささやく声が響く。「ねえエルマー、ここから出してあげるから力をかしてくれないかしら?」窓から姿を現した声の主は、エルマーが昔飼っていたオカメインコのポーだった――。

書影　裏

りゅうの質感革命

西洋における竜は、英雄の前に立ちはだかる試練の象徴として退治されるべきものであり、決して友だちになれるような存在ではなかった。外見も剣の通らぬ硬い鱗に尖った牙、口からは火を吐くなど抱きしめたくなる要素はまるでない。ところが本作のりゅうの外見はどうだろう。カラフルな体色につぶらな瞳。そしてコンテやパステルのザラザラ感が醸し出す肌の質感は、まるでフェルトのようではないか。これはもはや発明である。本作が子どもたちから圧倒的支持を集めたのは、他の優れた児童書がそうであるように、挿絵の持つ独特な魅力によるところも大きいだろう。

69

ロビンソン恐竜記

Adventures of Robinson in the Lost World

ろびんそんきょうりゅうき

やだ、この島。

新世界文学名作選拾遺篇⑨

ロビンソン恐竜記

Adventures of Robinson in the Lost World

生き延びてやる！

新撰、文庫版世界文学全集拾遺篇第2回配本
秘境サバイバル小説の古典。ロストワールドに取り残された船乗りの運命はー？

フライデー（ネタバレ）

「自衛しながらのDIYトライ＆エラー日誌」だった本作は、中盤以降フライデーの登場により子育て要素が加味される。餌やり、病気、怪我の心配、反抗期など、読者は手探りの子育てに一喜一憂しながら、ロビンソンとともにフライデーの成長を見守ることとなる。終盤、逞しく成長した彼女は島最大の脅威であったTレックスを崖から落として撃退後、ロビンソンの肩を摑んで飛翔。ついに島からの脱出に成功する。彼女にかけた愛情が、後年ロビンソン自身を救うこととなったのである。

【あらすじ】

船長とおかずの取り合いをした結果、無人島にひとり置き去りにされた船乗りロビンソン。仕方がないので助けが来るまで島でのサバイバルを試みるが、何故かその島は太古の恐竜が跋扈する恐怖の島だった——。

金曜日に盗んだ卵が孵ってしまい、仕方なく育てることになった始祖鳥・フライデーを相棒に、今日を生き抜くロビンソンのエキサイティングな日常を、本人の手記という体裁で描いたフェイクドキュメンタリーのヒット作。

書影　裏

書庫
初版特典
化石レプリカ
詰め合わせ
（約2t）
抽選で5名様に
プレゼント

ウソがまことに

物語中盤から登場した本作のヒロイン・フライデー。「始祖鳥」と訳されるが、実際の始祖鳥はほぼカラス大。一方、彼女は最終的には翼長10mの巨体となるため、長らく作者の空想上の生物と考えられてきた。しかし最新の研究では、恐竜は爬虫類より鳥に近く、体全体が羽毛に覆われた種類も存在したとされる。つまり彼女に該当する羽毛翼竜が、実際にいたかもしれないのだ。作家の想像力が、エピデンス必須の科学者を飛び越え、先にうっかり真実にたどり着いてしまうことがある。どんな突飛な設定でも明日にはそれが常識になっているかもしれない。物語は、油断がならない。

70 アンクルトムのホヤ

Uncle Tom's Ascidian

うまいから。

新世界文学名作選㊴

アンクルトムのホヤ

Uncle Tom's Ascidian

食ってみろ!

新撰、文庫版世界文学全集第14回配本
食への偏見、差別へ放たれた一本の矢。

ホヤ（終盤までだいたい本当）

“謎の生物”ホヤの分類区分は、脊索動物門尾索動物亜門ホヤ綱マボヤ目マボヤ亜目マボヤ科マボヤ属。ホヤの連呼具合からも早くに独自の種として分化したことが窺える。日本に数百種仲間がいるといわれるが、食用になるのはそのごく一部。幼体はオタマジャクシ似の姿で海を漂い、その後岩盤に吸着し変態。吸っては吐く海水から栄養を摂取しそこで一生を過ごす。その特異な形状、二つの突起(給水管と排水管)先端についたプラスマイナスのネジ穴状へこみ、食べた後水を飲むとなぜか冷たく感じる人が多いことなどから「宇宙から来た人工生物」説を信じる人はいまだに多い。

【あらすじ】

町外れに住むトムおじさんは変わり者で有名だった。海辺に寄生する変な宇宙生物みたいな貝を食べ、食べるばかりか通りがかる人みんなに奨めてまわる。みんな気味悪がって海のほうへは近づかなくなったけど、転校生のエヴァンジェリンだけは違った。彼女は言うんだ。「食べないで何がわかるというの」。トムと少女、二人の出会いが小さな町に奇跡を起こす――。

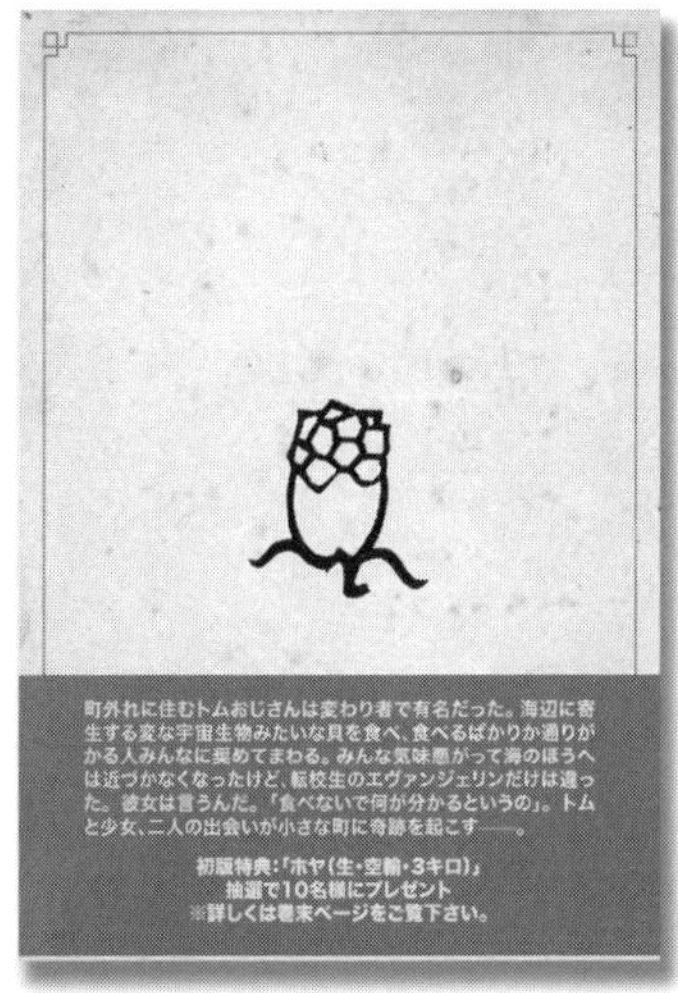

書影　裏

ルイはトムを呼ぶ（るい はとむ をよぶ）

（『きりえやかるた』より。※“トム”の初登場）

〈解説〉だれやねん。

71

普段ダッシュの犬

Dog with Full Power Running Usually

ふだんだっしゅのいぬ

まっしぐら。

続・世界文学名作選⑭

普段ダッシュの犬

Dog with Full Power Running Usually

落ち着くんだパトラッシュ！

新撰、文庫版世界文学全集続編第一回配本
時短で主人の夢をサポートし続けた、落ち着きのない犬の物語。

落ち着きのない守護天使

単位取得のかかった美術学校の課題に毎晩仕事のあと取り組んでいたネロ。しかし明日が〆切となったその晩ついに彼は、模写対象であるルーベンスの祭壇画前で睡魔に負けて倒れてしまう。「パトラッシュ……僕はもう疲れたよ」そのとき、上空から天使を蹴ちらし舞い降りる影が。飼い主のピンチに駆けつけたパトラッシュは、吠えながら全力でネロのまわりを3周したかと思えば、べしゃべしゃに顔を舐めまくり、起きたのを確認するやいなや速攻でまた天国へと戻ってゆく。落ち着きのない守護天使となったパトラッシュは今もこうしてネロを見守っているのである。

【あらすじ】

走らずにはいられない、落ち着きのない犬パトラッシュは仕事の牛乳運びも全力疾走。主人のネロごと荷車に載せ、通常の犬の3倍の速さで2往復。それを3年続けて画家になりたいネロに美術学校の入学金や画材費そして勉強時間まで提供。晴れて主人が画学生になってからも配達を継続し学費を工面するばかりか、荷車から見える高速で流れる景色をもとにした、他にない斬新な画風まで主人に与え、天使も追いつけないスピードで天国へと駆け上がった——。

書影　裏

パトラッシュマウンテン

本作のアニメ映画を元に作られたアトラクションがこの度テーマパーク内にオープンした。観客は荷車状のカートに乗り、屋内に作られたオランダ風の舞台セットの中を高速移動、ネロの気分を味わうことができる。だが一番の呼び物は、突如屋外に出たかと思えば、そのまま急勾配の坂を運河目がけて滑り降りる最後のクライマックスであろう。「オランダにそんな高低差はない」との指摘には応えられない代わりに、別の部分で物語に寄せようと着水時に噴き出す水を買い取った廃棄牛乳へと変更。今日も白い水柱と嬌声が場内を賑わしている。

72 Hi！爺

Hi! Grandpa.

はいじい

続・世界文学名作選62

Hi!爺

Hi! Granpa.

チャラいのやめなさい！

新撰、文庫版世界文学全集続編第18回配本
都会の風にかぶれ帰宅したハイジは……？

トロトロチーズ療法

おんじが考案した、チャラい病に向けた民間療法の一つ。「人は夢中で食べるとき、見栄やイキリとは無縁である」ことから、恍惚となる物を与えて思考からチャラいムーブを排除、我に返らせる効果があるという。ただし、これにはタイミングが非常に重要で、黒パンに乗せ暖炉で炙ったチーズに照りが生じ、トロっと形が崩れた瞬間から20秒の間に食するのが香り、食感ともに最大の効果を発揮するという。考案に至った経緯については黙して語らぬおんじであるが、「戸棚に金のぶっといネックレスと胸のはだけたシャツがしまってあるのを見た」とはハイジの弁である。

【あらすじ】

フランクフルトから山へと戻ったハイジはすっかりチャラくなっていた。「お前も、都会の空気と白パンにやられたか。早く毒を抜かなければ大変なことに……」あせるおんじの手を逃れ草原に駆け出すハイジ。その日以来、ヤギ、ペーター、犬のヨーゼフが次々と都会の空気に感染、しまいにはペーターのおばあさんまでもがチャラくなる山全体を巻き込んだ異常事態に。免疫を有し、一人難を逃れたおんじは平穏な日常を取り戻すべく、感染者全員に対し彼が独自に考案した「トロトロチーズ療法」を試みる。

フランクフルトから山へと戻ったハイジはすっかりチャラくなっていた。「お前も、都会の空気と白パンにやられたか。早く毒を抜かなければ大変なことに……」あせるおんじの手を逃れ草原に駆け出すハイジ。その日以来、ヤギ、ペーター、犬のヨーゼフが次々と都会の空気に感染、しまいにはペーターのおばあさんまでもがチャラくなる山全体を巻き込んだ異常事態に。免疫を有し、ひとり難を逃れたおんじは平穏な日常を取り戻すべく、感染者全員に対し彼が独自に考案した「トロトロチーズ療法」を試みる。
初版特典：「黒パンとトロトロチーズセット」
抽選で30名様にプレゼント※詳しくは巻末ページをご覧下さい。

書影　裏

クララ語った（ハイジの勤め先のお嬢さん）

あの子をクラブに連れてったのは、思い出作りのためだったのよ。もちろん素朴で素直すぎる彼女にちょっとだけ悪い遊びを教えたくなったこともあるけれど。それにしてもあんな風になるなんて……。誓って言うけど私、2回目からは一緒に行ってないわ。変わった彼女を見てロッテンマイヤーさんこう言ったの「血は争えないわね」って。ハイジがあの“伝説のダンシングヒーロー”の孫だったなんて、本当にあとで知ったことよ。でもそのときのロッテンマイヤーさんの口調で私わかってしまったの。「このひと、きっと彼のことが大好きだったんだろうなあ」って——。

73 ドリトル先生搭載機

The Airplane equipped with Doctor Dolittle

どりとるせんせいとうさいき

急行。

続・世界文学名作選⑪

ドリトル先生塔載機

The Airplane equipped with Doctor Dolittle

全言語対応。

新撰、文庫版世界文学全集続編第一回配本
連絡あれば即急行。動物語を話す医者を搭載した
飛行機の活躍。

全機体（いずれも出動時にはドクタードリトルを搭載）

ドリトル1号…機動性に富んだプロペラ機。必要最小限の装備を備え、現場には最も早く到着できるため急患時に大活躍。パイロットは犬のジップ。 **ドリトル2号**…手術ユニットなどが入ったカートリッジ状のコンテナを入れ替えられる巨大輸送機。パイロットは豚のダブダブ。 **ドリトル3号**…成層圏まで飛び出せるロケット。ドリトルが宇宙語未マスターのため今のところ出番なし。のち月へゆく。パイロットはオウムのポリネシア。 **ドリトル4号**…海棲患者のための潜水艦。収容されたコンテナを2号が近海まで運びそこから海中へ。パイロットはあひるのガブガブ。

【あらすじ】

急な怪我や病でお困りの皆さん、お電話一本で世界中どこへでも人間の医者ドリトルを搭載した専用機が24時間以内に駆けつけます。全動物語対応。お客様の方言がお強めの場合はサポートメンバーとして通訳専門のオウムが同行します。

困ったときには諦めず、沼のほとりのパドルビーまで今すぐコール！

書影　裏

書庫
初版特典
搭載機フィギュア
(1/50ドリトル先生着脱可能)
抽選で50名様に
プレゼント

ドリトルを名乗る資格

CG全盛時代のファミリー映画向けと判断され、近年映画化が続く本作であるが、「動物と話せる医者」要素以外(舞台、性格、ストーリー)まるで別物にされているものも多い。これは当時の価値観に基づく差別的表現があるためそのまま映像化できない、などの問題ではなく、単に原作が製作陣に舐められ、軽んじられたということだろう。一人の人間(キャラクター)は、多面的な要素から成り立つもので、たった一つの特性さえなぞればそれで事足りるものなどでは決してない。「名探偵ならすべてホームズ」、「浪人生ならみな椿さん」同様、それはとても乱暴なことなのである。

74 飛ぶ教師II

flying teacher II

とぶきょうしつー

はいっ。
続・世界文学名作選63
飛ぶ教師II
flying teacher II
今度はふたりだ！
新撰、文庫版世界文学全集続編第22回配本。
人数、跳躍力、すべての面でスケールアップ
を果たした続編。

大人のカタログ（続編に関するネタバレあり）

次刊『飛ぶ教師III』では、本作に登場した正義さんと禁煙さんが、地獄の特訓で知られる全寮制学校“兎の穴”出身であることが明かされる。そして現れる第三の大人“用務員の〈腰痛さん〉”。かつては兎の穴一の跳躍力を誇っていた彼は今、もはや自分は飛べないと力なく笑う。腰痛さんの身にいったい何が。二人は生徒たちとともに彼の跳躍を取り戻すため奔走する。学校は生徒にとって、親以外ではじめて触れる大人のカタログである。子どもはそこで憧れるに足る大人に出逢い、はじめて「大人になるのも悪くない」と思えるようになる。「学校」は「本」に置き換え可能だと、僕は思っている。

【あらすじ】

『飛ぶ教師』続編。寄宿学校の教師〈正義さん〉ことヨハンは、子どもの心に寄り添う姿勢と脅威の跳躍で生徒との信頼関係を構築。その生徒たちによる計らいで、音信不通だったかつての親友〈禁煙さん〉との再会を果たす。

一年後のクリスマス。同校校医となった〈禁煙さん〉ローベルトとヨハンの二人は、敵対する実業高校に拉致された生徒の奪還に密かに協力、雪合戦となった際には脅威の跳躍で迫る雪玉をすべてかわして相手を翻弄、救出作戦をサポートする。大人としての見識を備えつつ、子どもたちの味方であり続ける二人の姿は、生徒のみならず世界中の読者の憧れとなった。

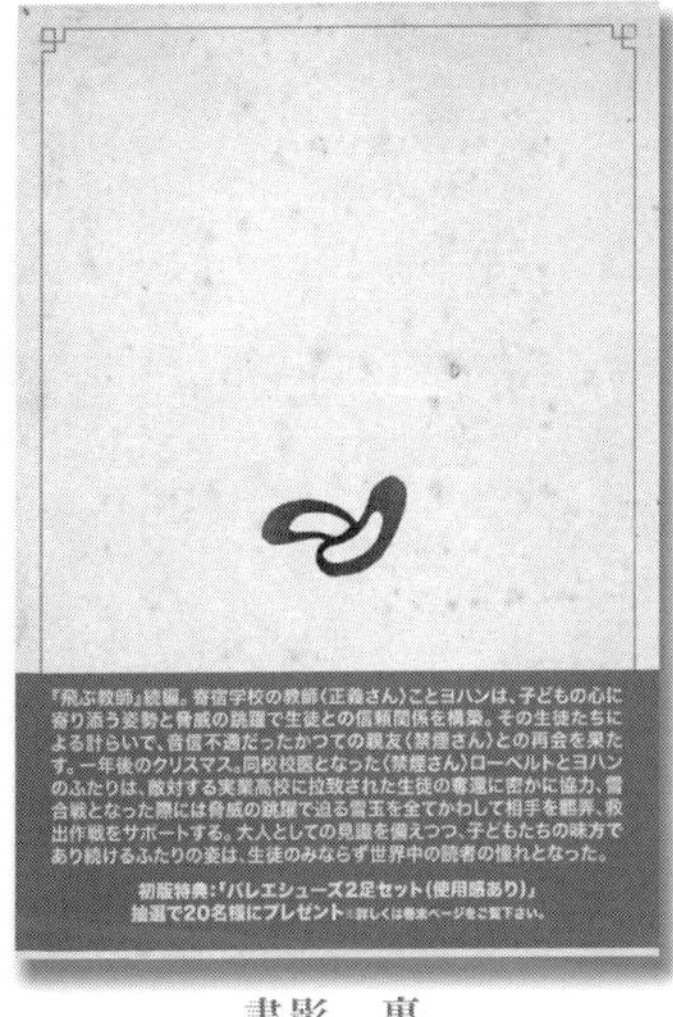

書影　裏

飛躍

本シリーズに向け、刊行時から今も投げられる批判に「何故飛ぶ？」というものがある。たしかに、文中実際に跳躍が役立ったのは、雪合戦や生徒が投げたチョークを避けるときぐらいではある。しかし優れた物語には、多かれ少なかれある種の飛躍が存在する。それが読者に忘れがたい印象を刻み込み、ときには人の人生に深く影響を及ぼすこともある。実際ヨハンの跳躍に憧れ、バレエを始めた少年少女はドイツに多く存在する。なくても話が成り立てば、不必要だと断ずる者は、この現象をどう思うのか。物語は、無駄なく栄養を取るためのサプリメントでは決してない。

75 エルマーと16ぴきほりゅう

Elmer and the 16 dragons are on hold

完結編。

続・世界文学名作選㊿

エルマーと16ぴきほりゅう

Elmer and the 16 dragons are on hold

みんなでみかん食べてなさい

新撰、文庫版世界文学全集続編第25回配本
ふたたび勾留されたエルマー、大脱走の計画は?

みかん(ほぼほぼ本当)

本シリーズ中、旅のお供として度々登場するのがみかん。ごはん代わりにみかん? と思われるかもしれないが、みかんは果肉からはビタミンC(コラーゲン生成、抗酸化)やβ-クリプトキサンチン(抗酸化、皮膚)、薄皮からペクチン(便通)、白い筋部分からヘスペリジン(血流)など、様々な栄養を一度に摂取できる優れた食品であり、糖質が多い点も冒険中の行動食であればかえって長所となる。食べすぎで手が黄色くなるのは汗とともに余分なカロテンが排出されるからで、無類のみかん好きだった長兄もよくそんな手になっていた。短気に効く栄養素はどうやらなかったらしい。※

※個人差があります。

【あらすじ】

オカメ島での冒険後、エルマーを家に届けたあとふるさとの高原を目指したりゅう。しかし高原を守っていた砂嵐は消え去り、家族は悪い人間に捕らわれようとしていた。引き返してエルマーに助けを求めるりゅう。ねこと作戦をねったエルマーは、りゅうを高原に帰らせ警察に連絡。密猟者を逮捕させたあと、16ぴきのりゅうが処分保留で勾留されている警察署に、みかんの皮を山ほど詰めたリュックを背負い出頭する。これまでかずかずの危機を知恵と工夫でのりこえてきたエルマーの考えた、奇想天外な脱獄計画とは——。

書影　裏

大団円

みかんとともにリュックに詰めた、様々なグッズを使ってネズミ、アライグマ、ツグミたちの協力を得たエルマーは、無事捕らわれたりゅうたちを解放。再び砂嵐に覆われた高原に戻る彼らと、永遠のお別れをする。冒険は、いつか必ず終わる。エルマーには町での生活があり、読者にもそれぞれの日常がある。楽しかった分だけ別れは切ないものだ。でも寂しくはない。ページを開けばいつでも、何度でもまた彼らに会えるのだ。それが、本というものである。

原作本紹介

『エルマーとりゅう』
ルース・スタイルス・ガネット

『エルマーのぼうけん』の続編。のら猫から動物たちに捕らわれたりゅうの話を聞いた少年、エルマーはどうぶつ島へ行き、見事りゅうを救い出した。エルマーはりゅうの背に乗ってどうぶつ島から飛び立ち、みかん島を経由して町に向かおうとするが、途中で嵐に遭遇し浅瀬に不時着してしまう。嵐が去ったあと近くの島に渡ると、そこはカナリヤたちの住む島だった。かつて飼っていたカナリヤのフルートからカナリヤの王様が知りたがりの病気にかかり、島のカナリヤ全体が同じ病におかされていると聞いたエルマーは、王様の知りたがっていることを聞いて解決しようとする。1950年刊。

68

『エルマーとりゅう
（世界傑作童話シリーズ）』
ルース・S・ガネット 文
ルース・C・ガネット 絵
福音館書店

『ロビンソン漂流記』
ダニエル・デフォー

船乗りに憧れる青年ロビンソン・クルーソーは、両親と衝突し家出同然でイギリスを離れ、幾度かの航海を経たのち乗っていた船が難破してしまう。たった一人で孤島に投げ出された彼は船に残された物資と島の資源を活用して住居や道具を作り、狩猟や耕作で食糧を確保して、島での暮らしを整えていく。ある日彼は人食い人種のもとから逃げてきた青年を助けて仲間に引き入れることに成功する。その日が金曜日だったため、ロビンソンは彼を「フライデー」と名づけて言葉や信仰心を教え、ともに苦難を乗り越えていく。1719年刊。

69

『ロビンソン・クルーソー』
海保 眞夫 訳
岩波少年文庫

『アンクル・トムの小屋』
ハリエット・ビーチャー・ストウ

南北戦争の引き金といわれるほど大きな反響を持って迎えられた作品。シェルビー家に仕える正直で有能な奴隷のトムは幸福に暮らしていたが、シェルビー氏の借金返済のために少年ハリーとともに売られることとなった。ハリーの母親のイライザが子どもを連れて逃亡する一方、トムは運命を受け入れて奴隷商人と船に乗る。その船で出会った少女エヴァンジェリンを救ったトムは彼女の家で働くが、彼女と彼女の父親が死んでしまうと再び売りに出されることに。非情な農場主のレグリーに買われたトムを待ち受けていたのは、壮絶な受難の日々だった。1852年刊。

70

『アンクル・トムの小屋
（上）』
土屋 京子 訳
（上下巻）
光文社古典新訳文庫

文責：現代書館編集部＋きりえや

71 『フランダースの犬』

ウィーダ

１９７５年に放映されたテレビアニメをきっかけに、日本中から愛された作品。フランダース地方で祖父と忠実な老犬パトラッシュとともに暮らすネロは、画家になることを夢見ながらミルクの運搬を仕事とする心優しい少年だった。彼は聖母大聖堂のルーベンスが描いた祭壇画を見たいと願いながらも、貧しさゆえにその願望を叶えることができずにいた。ネロにはアロアという仲のよい娘がいたが、それを快く思わない彼女の父親に放火の嫌疑をかけられ、ミルク売りの仕事を失ってしまう。そのうえ祖父を亡くしたネロは、クリスマスの前日にさらに打ちのめされることとなる。１８７２年刊。

野坂 悦子 訳
岩波少年文庫

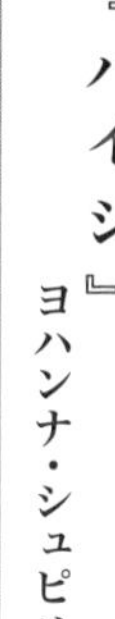

72 『ハイジ』

ヨハンナ・シュピリ

叔母のデーテに連れられて山の上に住むアルムのおじさんに預けられることになった五歳の少女、ハイジ。彼女は干し草で寝床を作り、チーズとパン、ミルクを味わい、ヤギたちと戯れたりしながら、おじさんやヤギ飼いの少年ペーターとともに伸び伸びと暮らす。ところが数年後、再びデーテが山を訪れる。ハイジをフランクフルトの屋敷のお嬢様、クララの遊び相手として引き取りたいというのだ。デーテの申し出をおじさんもハイジも断るが、ハイジは半ば強引にフランクフルトへ連れていかれてしまう。１８８０年に第一部、81年に第二部が発表された。

『アルプスの少女 ハイジ』
松永 美穂 訳
KADOKAWA／角川文庫

73 『ドリトル先生航海記』

ヒュー・ロフティング

動物と会話ができる獣医、ドリトル先生シリーズの二作目。貧しい靴職人の家に生まれた動物好きの少年、トミー・スタビンズは、ある日タカに襲われ怪我をしたリスを連れ帰る。友人から「リスを治せるのはジョン・ドリトル先生だけ」と言われたスタビンズは航海中のドリトル先生の家をたびたび訪ね、ある雨の日にようやくドリトルに会う。動物の言葉を習い、ドリトルの助手となったスタビンズはドリトルの友人のバンポ王子、それから犬のジップ、オウムのポリネシア、サルのチーチーとともにクモサル島に航海に出る。１９２２年刊。

福岡 伸一 訳
新潮文庫

原作本紹介

文責：現代書館編集部＋きりえや

『飛ぶ教室』
エーリッヒ・ケストナー

少年たちの寄宿学校での日々と彼らのよき理解者である二人の大人の姿が綴られた作品。父親に捨てられて単身ドイツに渡った少年ジョニーは寄宿学校の生徒となり、個性豊かな四人の仲間に恵まれる。クリスマスの劇として『飛ぶ教室』を書いた彼が仲間たちと体育館で練習をしていたところ、血を流した同級生が飛び込んでくる。実業学校の子どもたちに襲われ、友だちが拉致されたというのだ。学校を飛び出した少年たちは、廃棄された禁煙車両に住む「禁煙さん」に相談に行く。彼らが慕う舎監の先生の「正義さん」の名前が出ると、禁煙さんはかすかに驚いた様子を見せる。１９３３年刊。

池田 香代子 訳
岩波少年文庫

『エルマーと16ぴきのりゅう』
ルース・スタイルス・ガネット

『エルマーのぼうけん』『エルマーとりゅう』に続くエルマーの冒険シリーズの第三弾。本書でシリーズは完結となる。『エルマーとりゅう』の最後でエルマーと別れたりゅうは、家族のもとを目指して飛び立った。人目を避けてなんとか町を抜けたりゅうは砂漠の真ん中にある「そらいろこうげん」に向かうが、砂嵐が吹き荒れているはずの砂漠は静まり返っていた。住処の近くに怪しい人間たちを見つけたりゅうは、人間たちが洞穴の入り口を塞いで自分の家族を捕まえようとしていることを知る。家族を救うため、りゅうはエルマーに助けを求めに再び町へと向かう。１９５１年刊。

『エルマーと16ぴきのりゅう
（世界傑作童話シリーズ）』
ルース・S・ガネット 文
ルース・C・ガネット 絵
福音館書店

エッセイ

僕と図書館

「ねこの切り絵作家」と思われがちな僕だけど、飼っているわけではありません。同様にこんな本を書いときながら、人より図書館に親しんだわけでも実はない。そんなにせもの作家です。

平凡な思い出を話せば、小学校の図書室でお気に入りだったのはＳＦ全集の棚。ここではないどこかへ連れていってくれるものが好きでした。「学校にいる間に全部読破するぞ」と決め、五冊目で挫折した記憶があります。気に入らない部分があるものは、我慢して最後まで読めないこと、よくわからないけど好みというものが自分にははっきりあることを知りました。

一番図書館に通ったのは卒業論文を書いている時期で、一人が生み出す作品をほぼ網羅しながら、生意気にも「つくるひと」としての人生を考えました。

読書家なんてとても言えない最近の僕ですが、今も図書館には通っています。広い勉強室の机を借りて、切ること以外の仕事をよくしているのです。

この文章もそこで書いています。

司書手作り！

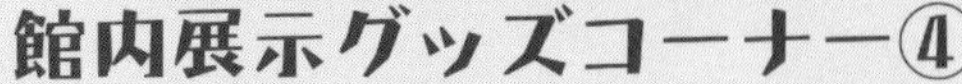

館内展示グッズコーナー④

1

〈全体〉　〈禁煙さん〉　〈正義さん〉

①『飛ぶ教師Ⅱ』(→p.220)より「飛ぶ教師モビール」

2

②『信玄椅子』(→p.60)より
「信玄座椅子」
・モフモフ
・兜飾り(正面)
・兜飾り(両こめかみ)
・軍配(何故か光る)
・旗
・本体(背面、座面)
・肘掛け
の各パーツが合体し完成。
中には入れないが
実際に座ることができる。

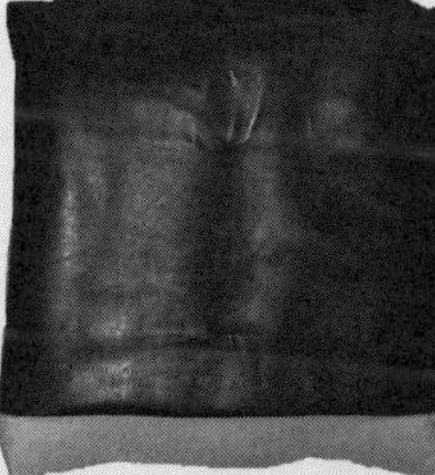

合体！

完成

〈カラー画像は口絵 p.4〉

偽本レビュー

「幸福の奥義」
～『幸福の奥義』(p.198)

村上亜樹

幸福とは何か？　こう問われてすぐに答えが出る人は幸せだと思う。

最初は自由を求め、自由を手にしてからは力を求め、そして力を手にしたら……。求めだしたらキリがない幸福という、魅惑の言葉。それゆえ、人々は幸福を求めて生きていくのだろう。

人が生きている数だけ答えのあるこの問いに対し、「主人公である王子像にとっての幸せとは何か？」に焦点を当てて読み解いてみたいと思います。

友・ツバメが亡くなった事で動けるようになった王子像は、亡き友が行きたいと願っていたエジプトへ旅立ちます。

自らの幸せを優先したが故に、友の幸せを奪った事に気が付いた主人公のせめてもの罪滅ぼしだったのかもしれません。彼の地で拳法を習ったのも、今度は自分の「力」で誰かの役に立ちたかったと強く願ったからなのだと思われます。

ただ、この頃はまだボヤっとした不特定多数の誰かのためなので、思うように拳法が使えなかったように思えます。

しかし、「力」には色々な使い方があります。

市長たちも別の拳法を自分たちの私利私欲のために使い、残虐非道な政治を行っていたのです。街には「幸福」の文字はなくなってました。そこで王子像は「力」の本当の使い方に気が付き、市長と戦う事を決意します。最後に放った「飛燕回生拳！」のあと、王子像はわずかに微笑みます。「友が尽くして死んだ街を守り切った」これが彼の中の幸福だったのかもしれません……。

個人的には、王子像がエジプトからの道中で目にした、アルプスでの出来事を名シーンとしてあげたいと思います。山小屋の前で足が悪い車いすの娘が友人の叱咤激励で歩けるようになり、笑いながら草原を転げまわり、その光景を気難しいと言われていたおじいさんが笑顔で見つめる……。

これこそが幸福なのではないか？　小さな幸せの積み重ねこそが幸福なのではないか？

もしかしたら、そんな日常の出来事に目を向けることが「幸福の奥義」なのかもしれません。

村上亜樹
個人商店『エム・クリエイト』所属。アニメ・ゲームなどの版権イラスト、立体物の試作設計、その他困りごとの相談などエンタメの端っこの方で細々動いてます。困りごとがありましたら、まずはご一報ください。何度も借りた本は『すてきな三にんぐみ』『切手なんでも百科(学習まんが・ふしぎシリーズ(52))』

イラスト：きりえや

図書館だより 冬

NISEBON LIBRARY

れんさいまんが
マスクドラビット
本多 亀山

冬に恋しいモフモフ文学

ふかふか、もこもこ、ごわごわ？

ドヤ顔 No.1 ！

『アリと栗毛リス』
おとぎばなしの棚

えっへん。

(→p.188)

落ち着きのなさ No.1

普段ダッシュの犬
落ち着くんだパトラッシュ！

『普段ダッシュの犬』
海外児童文学の棚

(→p.214)

被害者 No.1 ！

『Wのひげ』
怪奇・幻想／ミステリーの棚

(→p.64)

容疑者 No.1 ！

『Yのひげ』
怪奇・幻想／ミステリーの棚

(→p.66)

トピックス

①「橋フェス」開催

あの人気ロックユニット「大工と鬼Ｒｏｃｋ」が、出会いの場所である聖地「橋」を会場に、仲間を引き連れ一日限りの再結成。あの超絶ギターテクニックとシンバルキックの饗宴が見られるのは今回が最後かもしれません。鬼の本名をコールするとその場で強制終了になりますのでお気をつけください。（→p.150）

②プロレス大会

おとなりの文化センター大ホールでプロレス大会が開催されます。実力派インディーズ団体三社合同興行で、メインイベントはマスクドラビット・亀仮面組ＶＳごんと兵十組のタッグマッチ。生の迫力をこの機会に是非。（→p.164, 186）

③一〇〇六匹のゴーシュによるコンサート

毎年恒例となった年越し企画。今年も音を合わせる喜びを一緒に味わいましょう。音楽を愛するならば、あなたもゴーシュです。郊外裏山にて大晦日の午後六時から。葉っぱのチケットをご用意ください。（→p.172）

ファンアートコーナー

Hi! 爺

タイトル:「Hi! 爺」 作:愉快な書店員

司書の激推し

『手ぶくろをタイに』

日本童話の棚で貸出中

空輸。

(→p.176)

『オペラ座のタイ人』『タイ人二十面相』など、ムエタイ戦士ポンチャックが活躍する大人気シリーズの一冊です。試合用の特注グローブを作ってもらいに、はるばる日本の山の中にある「きつねや」を訪れるポンチャック。実はこちら、小さなお子さんのいる親御さんから熱い支持を集めています。なんでもこの本を読み聞かせると、格段に片手ぶくろをなくさなくなるのだとか。ついうっかり存在を忘れてしまいがちな手ぶくろの、大切さが身に染みる本です。(つ)

Q&A

Q:落としものをしてばかりで嫌になってしまいます。どうしたらいいですか?

A:どうせ落としてしまうなら、池に落とすことをおすすめします。『金のおのおの 銀のおのおの』では、池に落ちた浪士たちが「金のおのおの」と「銀のおのおの」と数を増やし、総勢187人で討ち入りを果たしています。落としものというのは何が落ちるかわからないものですが、きっと数は多いに越したことはありません。(つ)

※今のあなたに最適な本を司書がご案内します。お気軽にお声掛けください。団体でのご相談は、代表者様ご一名でお越しください。

金のおのおの 銀のおのおの

浪士大渋滞。

『金のおのおの 銀のおのおの』
(p.190) おとぎばなしの棚で貸出中

本日の館長

おきてすぐ「春?」ときかれたので「昼」とお答えしました。バクは冬眠しません。
(リ)

図書館からのお知らせ

①クリスマスおはなし会

『マッチ売りの猩々』『幸福の奥義』『普段ダッシュの犬』など。なお、館内中央に設置したツリーには願い事を書いた札が下げられます。(→p.198, 214)

②本館職員は全員チャラい病予防接種済みです。

全員参加のとろとろチーズパーティーを秋に2回開催したため、本館職員がチャラくなることありません。どうぞ安心してご利用ください。(p.216)

③臨時アルバイト募集中。

冬眠に入る職員の代替募集のため、冬に活動できることが条件です。希望者はお電話かカウンターまで。

図書館だより 号外

タイトル:「浮きよさらば」
作:ねこま堂

(→p.80)

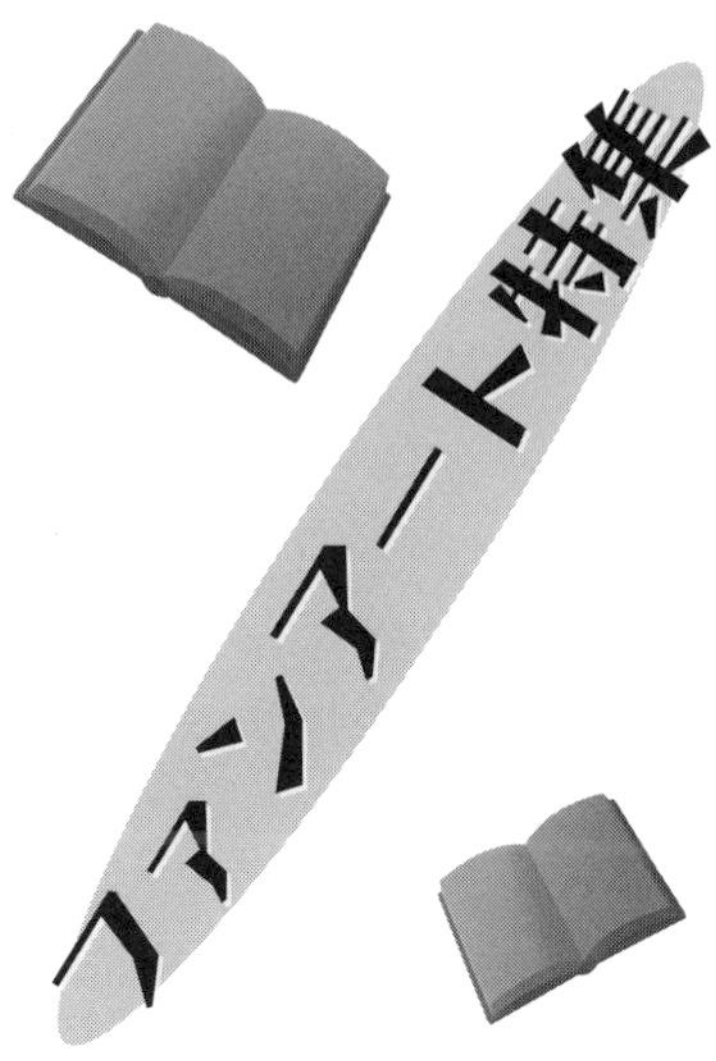

タイトル:「草食五人女」
作:ちーちー

(→『きりえや偽本大全』p.172)

タイトル:「椿さん十浪」
作:ねこま堂

(→『きりえや偽本シネマ大全』p.18)

書店員さんによる
偽本POPコーナー④

ジュンク堂書店池袋本店 佐藤さま

エルマーほりゅう
みかん食べてまってなさい

→p.208

『普段ダッシュの犬』

読んでいるだけで、
息切れ必至！
【普段ダッシュの犬】

献身的なパトラッシュの
超、高速、タイパ人生

書泉グランデ 伊藤さま

普段ダッシュの犬
落ち着くんだパトラッシュ！

→p.214

『幸福の奥義』

かなしみが磨く
勁さがある。
ツバメの死がもたらした「自由」と「力」。
鉛の拳に込められた祈りと願いが
胸を撲ちます…。あとう。
『幸福の奥義』

ジュンク堂書店池袋本店 矢部さま

飛燕回生拳。

→p.198

【偽本ミニギャラリー】

展示会場などで切った偽本関連作品。

きりえ灯籠

「きりえや夏の偽本まつり2021」
(ジュンク堂書店池袋本店9Fギャラリー)
会場きりえワークショップテキスト。

「長靴をかいだ猫」

「ナナごろん」

「罪と獏」

「偽本のきりえ」

「きりえや夏の偽本まつり2021」実演会場で即興製作。
第1弾『きりえや偽本大全』出演キャラクターが集合したきりえ。

おつかれさま

「おつかれさま」

今年最後の演奏が終わった夜、閉じられたふたの下でピアノのハンマーと弦が会話しています。

「1年間ありがとう。強くたたきすぎて痛くなかった?」

「ううん。大丈夫」

本当は少し痛いこともあったけど、がまんできないほどでもないし、ここは黙っておきましょう――弦はそう思いました。

ピアノの弦とハンマーは、最初に決められた相手と一生一緒に過ごします。けじめのあいさつは気持ちよくすませること。それがずっとうまくやってゆくひけつなのです。

「おつかれさま」

今年最後の演奏が終わり、からだが離れるその瞬間、バイオリンの弓は4本の弦みんなにささやきかけました。

1本の弦に恋をしていることなどおくびにも出しません。気持ちを伝えたい思いがないわけではありません。けれども周りの弦に聞かれたら最後。音はばらばらになり、「だめな弓」として一生会えなくなってしまう——弓は、それを一番恐れています。

最近つけかえられた、やや硬く澄んだ響きをもつあのこ。口に出せないこの想いを、これからすべて演奏に込めるのだ。そう思いながら、弓は離ればなれのケースのなかひとりで眠りにつくのです。

「来年も、よろしく」

（2009年頃）

あとがき

きりえや偽本図書館、間もなく閉館の時間となります。
楽しんでいただけましたでしょうか。

十年来のストックをまとめてきたシリーズに今度は書き下ろしで挑むという、無茶な試みをしました。妄想の数々を一冊の本にまとめ上げ、皆さんのお手元まで届けるには僕一人の力ではとても無理で、沢山の方のお力添えを頂きました。

版元現代書館さま。はじめ得体のしれなかった、そして今もカテゴライズしにくいこんな本を三冊も出させてくれてありがとうございます。

担当編集雨宮由李子さんには頼りっぱなしでした。毎回くるくるとよく回る小舟を今回も一緒に漕いで、目指す岸までたどり着かせてくれました。

この本にいつも「素敵なよそ行きの服」を着せてくださるデザイナーの大森裕二さん。慣れたかもしれないけれど、毎度キチキチの注文出してごめんなさい。

司書チームの皆さん。まずは頼れる文芸班の、栗原モナコさん、つる・るるるさん、村上亜樹さん。そしてあっと驚く造形物をご提供くださいました展示グッズ班の皆さん、「こうきたか!」の連続で、拝見するのがとても楽しかったです。ファンアート班の皆さん、自分の絵をほかの方に描いていただく経験はそうなかったので、とても嬉しかったです。

「偽本のＰＯＰ」を書いてくださいました書店員の皆さん、本職の技と愛にあふれた素晴らしい紹介文の数々、感動しました。「私が好きな一冊」アンケートにご協力いただきました皆さん、コメント楽しく拝見しました。

新作多数、コラム企画多めだったため、前著、前々著にもまして沢山の方にご負担重めのお願いをしてしまったかもしれません。お忙しいなかこの本に熱意を注いでくださりありがとうございます。偽本、そして僕は幸せものです。

「意外と役立つ文学ガイド」にはかかせない、原作本の書影掲載を快く許可してくださいました各出版社の皆さん、ありがとうございます。発想のもととなった原作の数々、これまで僕が読んで吸収してきたものすべてに感謝します。

作るごはんと作品以外、どうしようもない状態になったときでも、見捨てずにいてくれた僕の妻、それにうさぎと鳥もありがとう。

シリーズ三冊あわせて二三七作品を、脚注とともに絞り出し、正直今はカスカス状態ですが、世に素晴らしい文学がある限り、きっと僕はまた息をするようにほらを吹き続けるのだろうと思います。

またどこかでお目にかかれることを願っています。

きりえや　高木　亮

【初出】
『アンクルトムのホヤ』
「切り絵パロディ・新世界名作文学選」
(『新潮45』2011.11月号～2013.10月号 全24回)

【書影画像の提供にご協力いただいた版元】
岩波書店　岩崎書店　偕成社
KADOKAWA　河出書房新社
光文社　春陽堂書店　新潮社
筑摩書房　東京創元社
童心社　白水社　早川書房
福音館書店　文藝春秋　ポプラ社

【スタッフ＆ご協力いただいたみなさま】
〈司書チーム文芸班〉
つる・るるる様(つ)
栗原モナコ様
村上亜樹様

〈司書チーム展示グッズ班〉
Kay ya様(ジャンバルジャンのパン)、竹内房江様(「けうぽら」グッズ全部)
黒木陽子様(クロスステッチどやリス)、國田正徳様(椿さん鉛筆)
ram様＆志麻様(信玄椅子)、服部淳子様(エリスうちわ)
つる・るるる様(くま・地蔵・飛ぶ教師モビール、真珠武人ボディ)
健ちゃんがんばれ！様(椿さん鉢巻、お守り、椿花)

〈司書チーム美術・ファンアート班〉
バクちゃん推し様(バク)
ねこま堂様(四谷ガイダンス、椿さん十浪、浮きよさらば、金閣G設定)
ピアノ弾き様(長靴をかいだ猫)
愉快な書店員様(Hi! 爺)
ちーちー様(草食五人女)

〈書店員さんによるPOPコーナー〉
ジュンク堂書店池袋本店　大嶋様　佐藤様　松野様　矢部様
書泉グランデ　伊藤様　　函館蔦屋書店　宮成様
芳林堂書店高田馬場店　江連様

※上記以外の絵と文・扉模型製作・司書(り)：高木亮

日本ユニ著作権センター
読者アンケート「私が好きな一冊」ご参加の皆様

高木 亮（たかぎ・りょう）

きりえ画家。一九七一年香川県生まれ。大学在学中独学にてきりえ制作を開始。のち「きりえや」を名乗る。抒情的風景画からパロディ作品まで、多岐にわたる作品中に通底するのは「かわいくて、おかしくて、少しだけ寂しい」世界。単著として『ねこ切り絵』『12か月のねこ切り絵』（誠文堂新光社）、『きりえや偽本大全』『きりえや偽本シネマ大全』（現代書館）などがある他、満寿屋ノート「MONOKAKI」デザインや音楽教科書（令和2年度版・小学3年生）に作品が掲載される等、幅広く活躍中。二〇〇八年から「偽本シリーズ」制作開始、大学図書館や書店でおこなってきた「偽本展」は二十回を超える。

きりえや偽本図書館（にせぼんとしょかん）
文学（ぶんがく）パロディ閲覧室（えつらんしつ）

二〇二三年十月十五日　第一版第一刷発行

著者　高木 亮
発行者　菊地泰博
発行所　株式会社 現代書館
東京都千代田区飯田橋三-二-五
郵便番号　102-0072
電話　03(3221)1321
FAX　03(3262)5906
振替　00120-3-83725

装幀　大森裕二
組版　高木 亮
校正協力　高梨恵一
印刷所　平河工業社（本文・口絵）
東光印刷所（カバー・表紙・帯）
製本所　積信堂

ISBN978-4-7684-5951-5

http://www.gendaishokan.co.jp/

既刊本

本作の姉妹編、偽本シリーズ第一、二弾！ 好評発売中！

きりえや偽本大全

名作文学パロディの世界

高木 亮 著

定価 2000円+税／244ページ

（書籍版 ISBN）978-4-7684-5903-4
（電子版 ISBN）978-4-7684-4108-4
2021 年 8 月刊行

『罪と罰』が『罪と獏』、『人間失格』が『人間ひっかく』に!?

きりえや偽本シリーズ第一弾！

古今東西の名だたる文学作品のパロディ80作を収録！

読者アンケートやキャラクター紹介など、コラムも充実！

各作品の原作紹介もついているので、初歩の文学案内としても。

偽本ポストカードつき！

きりえや偽本シネマ大全

名作映画パロディの世界

高木 亮 著

定価 2000円+税／244ページ

（書籍版 ISBN）978-4-7684-5922-5
2022 年 8 月刊行

『隠し砦の三悪人』が『隠し砦の300人』、『羊たちの沈黙』が『羊たちの親睦』に!?

きりえや偽本シリーズ第二弾！

洋邦問わず集めた名画パロディ82作を収録！

名場面スチールきりえやメカデザイン&SF設定集など、コラムも充実！

著者の映画愛あふれる原作紹介もついているので、映画ガイドとしても。

偽本ポストカードつき！